PROJETO ARARIBÁ

CB142503

ARARIBÁ PORTUGUÊS

Guia de estudo

8

Organizadora: Editora Moderna

Obra coletiva concebida, desenvolvida e produzida pela Editora Moderna.

Editora Executiva:

Áurea R. Kanashiro

Moderna

Elaboração dos originais

Mônica Franco Jacintho
Bacharel em Produção Editorial pela ECA-USP. Editora.

Mara Cristina Scorsafava
Bacharel em Língua e Literatura Portuguesas pela PUC-São Paulo.
Professora de Língua Portuguesa do Ensino Fundamental em escola particular.

Daniela Cristina Calviño Pinheiro
Bacharel em Letras pela Universidade de São Paulo. Editora.

Moderna

Coordenação editorial: Áurea R. Kanashiro
Edição de texto: Mônica Franco Jacintho, Áurea Faria, Marilu Maranho Tassetto, Daniela Cristina Calviño Pinheiro
Assessoria didático-pedagógica: Shirley Jurado, Thelma de Carvalho Guimarães
Assistência editorial: Áurea Faria, Anabel Ly Maduar
Coordenação de *design* e projetos visuais: Sandra Botelho de Carvalho Homma
Projeto gráfico: Everson de Paula
Capa: Aurélio Camilo
Foto: Flauta confeccionada por índios Enawenê-Nawê do noroeste do Mato Grosso. © Acervo Amoa Konoya/Ricardo Toscani
Coordenação de produção gráfica: André Monteiro, Maria de Lourdes Rodrigues
Coordenação de arte: Wilson Gazzoni Agostinho
Edição de arte: Rodolpho de Souza
Editoração eletrônica: Arbore Comunicação Empresarial & Design
Coordenação de revisão: Elaine C. del Nero
Revisão: Ana Tavares, Luís Boa Nova, Lilian Semenichin, Nancy H. Dias
Coordenação de pesquisa iconográfica: Ana Lucia Soares
Pesquisa iconográfica: Denise Kremer
As imagens identificadas com a sigla CID foram fornecidas pelo Centro de Informação e Documentação da Editora Moderna.
Coordenação de *bureau*: Américo Jesus
Tratamento de imagens: Bureau São Paulo, Fabio N. Precendo, Pix Art, Rodrigo Fragoso, Rubens M. Rodrigues
Pré-impressão: Alexandre Petreca, Everton L. de Oliveira Silva, Helio P. de Souza Filho, Marcio H. Kamoto
Coordenação de produção industrial: Wilson Aparecido Troque
Impressão e acabamento: Gráfica Ideal

Dados Internacionais de Catalogação na Publicação (CIP)
(Câmara Brasileira do Livro, SP, Brasil)

Projeto Araribá : português : ensino fundamental / obra coletiva concebida, desenvolvida e produzida pela Editora Moderna ; editora executiva Áurea R. Kanashiro. – 3. ed. – São Paulo: Moderna, 2010.

Obra em 4 v. para alunos do 6º ao 9º ano.
"Componente curricular : Português"
Bibliografia.

1. Português (Ensino fundamental) I. Kanashiro, Áurea R.

10-08439 CDD-372.6

Índices para catálogo sistemático:
1. Português : Ensino fundamental 372.6

ISBN 978-85-16-06876-9 (LA)
ISBN 978-85-16-06877-6 (LP)

EDITORA MODERNA LTDA.
Rua Padre Adelino, 758 - Belenzinho
São Paulo - SP - Brasil - CEP 03303-904
Vendas e Atendimento: Tel. (0_ _11) 2602-5510
Fax (0_ _11) 2790-1501
www.moderna.com.br
2010
Impresso no Brasil

1 3 5 7 9 10 8 6 4 2

Sumário

Conheça o seu *Guia de estudo*

Este material foi produzido com o objetivo de ajudá-lo a compreender melhor os conteúdos trabalhados nas unidades do seu livro. As atividades propostas neste Guia ampliam o aprendizado de vocabulários de forma contextualizada e de conteúdos gramaticais. Tabelas de avaliação vão ajudá-lo a observar e monitorar o seu próprio processo de aprendizagem em relação aos conteúdos estudados.

Vocabulário em contexto

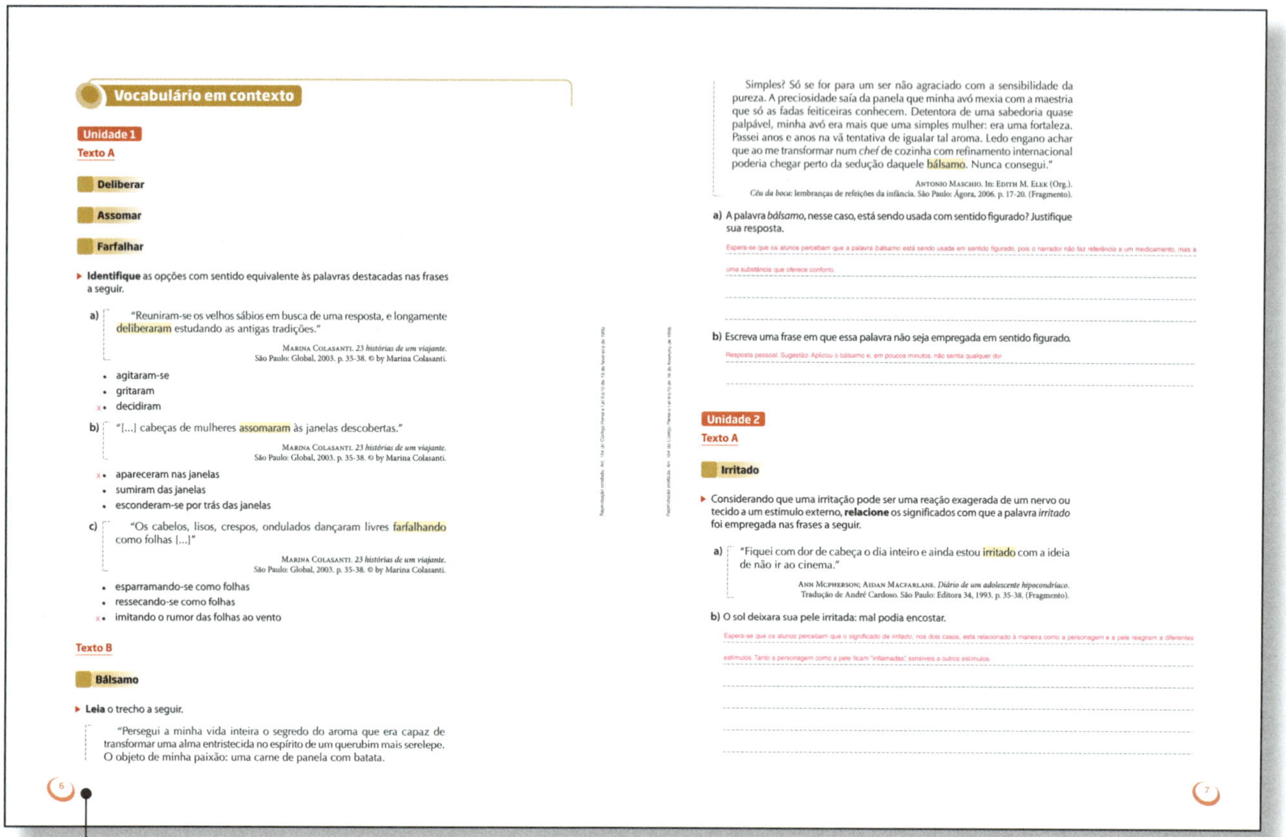

Vocabulário em contexto

Unidade 1

Texto A

Deliberar

Assomar

Farfalhar

▸ **Identifique** as opções com sentido equivalente às palavras destacadas nas frases a seguir.

a) "Reuniram-se os velhos sábios em busca de uma resposta, e longamente deliberaram estudando as antigas tradições."

Marina Colasanti. *23 histórias de um viajante*. São Paulo: Global, 2003. p. 35-38. © by Marina Colasanti.

- agitaram-se
- gritaram
- x decidiram

b) "[...] cabeças de mulheres assomaram às janelas descobertas."

Marina Colasanti. *23 histórias de um viajante*. São Paulo: Global, 2003. p. 35-38. © by Marina Colasanti.

- x apareceram nas janelas
- sumiram das janelas
- esconderam-se por trás das janelas

c) "Os cabelos, lisos, crespos, ondulados dançaram livres farfalhando como folhas [...]"

Marina Colasanti. *23 histórias de um viajante*. São Paulo: Global, 2003. p. 35-38. © by Marina Colasanti.

- esparramando-se como folhas
- ressecando-se como folhas
- x imitando o rumor das folhas ao vento

Texto B

Bálsamo

▸ **Leia** o trecho a seguir.

"Persegui a minha vida inteira o segredo do aroma que era capaz de transformar uma alma entristecida no espírito de um querubim mais serelepe. O objeto de minha paixão: uma carne de panela com batata.

6

Simples? Só se for para um ser não agraciado com a sensibilidade da pureza. A preciosidade saía da panela que minha avó mexia com a maestria que só as fadas feiticeiras conhecem. Detentora de uma sabedoria quase palpável, minha avó era mais que uma simples mulher: era uma fortaleza. Passei anos e anos na vã tentativa de igualar tal aroma. Ledo engano achar que ao me transformar num *chef* de cozinha com refinamento internacional poderia chegar perto da sedução daquele bálsamo. Nunca consegui."

Antonio Maschio. In: Edith M. Elek (Org.). *Céu da boca*: lembranças de refeições da infância. São Paulo: Ágora, 2006. p. 17-20. (Fragmento).

a) A palavra *bálsamo*, nesse caso, está sendo usada com sentido figurado? Justifique sua resposta.

Espera-se que os alunos percebam que a palavra *bálsamo* está sendo usada em sentido figurado, pois o narrador não faz referência a um medicamento, mas a uma substância que oferece conforto.

b) Escreva uma frase em que essa palavra não seja empregada em sentido figurado.

Resposta pessoal. Sugestão: Aplicou o bálsamo e, em poucos minutos, não sentia qualquer dor.

Unidade 2

Texto A

Irritado

▸ Considerando que uma irritação pode ser uma reação exagerada de um nervo ou tecido a um estímulo externo, **relacione** os significados com que a palavra *irritado* foi empregada nas frases a seguir.

a) "Fiquei com dor de cabeça o dia inteiro e ainda estou irritado com a ideia de não ir ao cinema."

Ann Mcpherson; Aidan Macfarlane. *Diário de um adolescente hipocondríaco*. Tradução de André Cardoso. São Paulo: Editora 34, 1993. p. 35-38. (Fragmento).

b) O sol deixara sua pele irritada: mal podia encostar.

Espera-se que os alunos percebam que o significado de *irritado*, nos dois casos, esta relacionado à maneira como a personagem e a pele reagiram a diferentes estímulos. Tanto a personagem como a pele ficam "inflamadas", sensíveis a outros estímulos.

7

Nesta seção, selecionamos **palavras** e **expressões** dos textos principais do livro com o objetivo de ajudá-lo a fazer uma análise da relação existente entre o contexto e o sentido dessas palavras ou expressões, bem como refletir sobre outros significados que uma mesma palavra pode apresentar.

Estudo da língua

O quadro **O que você vai recordar** apresenta, logo no início, os objetivos trabalhados na seção. Em **Você se lembra?**, você **retoma** os conceitos da unidade por meio de organizadores gráficos. Em **Pratique**, você faz exercícios de fixação que exploram textos e imagens.

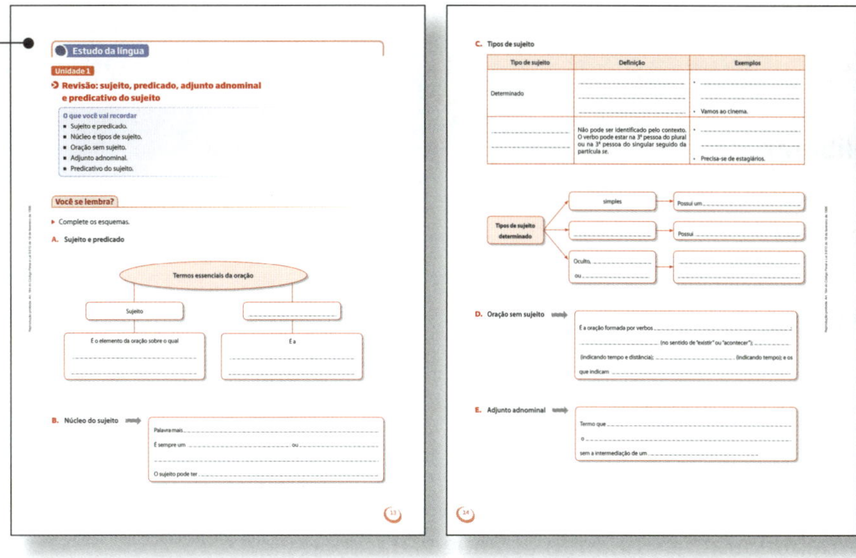

Tabelas de avaliação

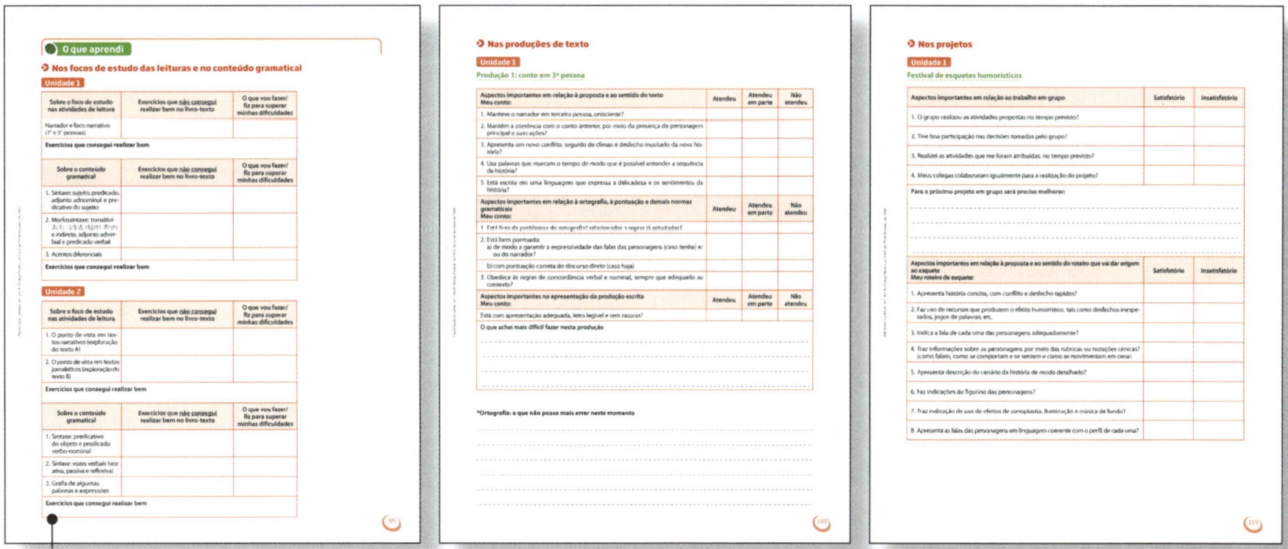

Este é o momento de avaliar o seu aprendizado sobre os temas estudados. Ao preencher as tabelas propostas, você vai saber se atingiu os objetivos estabelecidos para cada questão e perceber os conteúdos que precisam ser revistos e retrabalhados.

Vocabulário em contexto

Unidade 1

Texto A

Deliberar

Assomar

Farfalhar

▶ **Identifique** as opções com sentido equivalente às palavras destacadas nas frases a seguir.

a) "Reuniram-se os velhos sábios em busca de uma resposta, e longamente deliberaram estudando as antigas tradições."

MARINA COLASANTI. *23 histórias de um viajante.* São Paulo: Global, 2003. p. 35-38. © by Marina Colasanti.

- agitaram-se
- gritaram
- decidiram

b) "[...] cabeças de mulheres assomaram às janelas descobertas."

MARINA COLASANTI. *23 histórias de um viajante.* São Paulo: Global, 2003. p. 35-38. © by Marina Colasanti.

- apareceram nas janelas
- sumiram das janelas
- esconderam-se por trás das janelas

c) "Os cabelos, lisos, crespos, ondulados dançaram livres farfalhando como folhas [...]"

MARINA COLASANTI. *23 histórias de um viajante.* São Paulo: Global, 2003. p. 35-38. © by Marina Colasanti.

- esparramando-se como folhas
- ressecando-se como folhas
- imitando o rumor das folhas ao vento

Texto B

Bálsamo

▶ **Leia** o trecho a seguir.

"Persegui a minha vida inteira o segredo do aroma que era capaz de transformar uma alma entristecida no espírito de um querubim mais serelepe. O objeto de minha paixão: uma carne de panela com batata.

Simples? Só se for para um ser não agraciado com a sensibilidade da pureza. A preciosidade saía da panela que minha avó mexia com a maestria que só as fadas feiticeiras conhecem. Detentora de uma sabedoria quase palpável, minha avó era mais que uma simples mulher: era uma fortaleza. Passei anos e anos na vã tentativa de igualar tal aroma. Ledo engano achar que ao me transformar num *chef* de cozinha com refinamento internacional poderia chegar perto da sedução daquele bálsamo. Nunca consegui."

ANTONIO MASCHIO. In: EDITH M. ELEK (Org.).
Céu da boca: lembranças de refeições da infância. São Paulo: Ágora, 2006. p. 17-20. (Fragmento).

a) A palavra *bálsamo*, nesse caso, está sendo usada com sentido figurado? Justifique sua resposta.

b) Escreva uma frase em que essa palavra não seja empregada em sentido figurado.

Unidade 2

Texto A

Irritado

▶ Considerando que uma irritação pode ser uma reação exagerada de um nervo ou tecido a um estímulo externo, **relacione** os significados com que a palavra *irritado* foi empregada nas frases a seguir.

a) "Fiquei com dor de cabeça o dia inteiro e ainda estou irritado com a ideia de não ir ao cinema."

ANN MCPHERSON; AIDAN MACFARLANE. *Diário de um adolescente hipocondríaco*. Tradução de André Cardoso. São Paulo: Editora 34, 1993. p. 35-38. (Fragmento).

b) O sol deixara sua pele irritada: mal podia encostar.

Texto B

Mar de rosas

▶ *Mar de rosas* é uma expressão empregada por marinheiros para se referir ao mar tranquilo, em que é possível ver na água estruturas como a da rosa. Considerando essas informações, **explique** o significado da expressão *mar de rosas* na frase a seguir.

- Nem sempre a vida em família é um mar de rosas.

Unidade 3

Texto A

Tênue

▶ **Assinale** a alternativa em que todas as palavras têm sentido equivalente ao da palavra destacada nesta frase.

> "Uma tênue sombra foi revelando, à minha direita, contornos de terra que, devido ao calor, nem tocavam o horizonte."
>
> Amyr Klink. *Mar sem fim*. São Paulo: Companhia das Letras, 2000. p. 214-217. (Fragmento).

- delgada, escassa, vaporosa
- leve, de pouca importância, ligeira
- fraca, leve, sutil
- insignificante, rala, fina

Texto B

Oxalá

▶ **Leia** a frase a seguir.

"Oxalá possamos encontrar outro...".

ARTHUR CONAN DOYLE. *O mundo perdido*. São Paulo: Nova Alexandria, 1998. p. 94-102. (Fragmento).

a) A interjeição *oxalá* tem origem na expressão árabe *in xá lláh*, que exprime o vivo desejo de que determinada coisa ocorra. Você costuma ouvir essa expressão com frequência? Em que situações?

b) Que outras interjeições com o mesmo sentido de *oxalá* costumam ser utilizadas hoje em dia?

Unidade 4

Texto A

Lisonjeiro

▶ **Observe** a palavra destacada neste trecho.

"*Romeu* — Que santa noite! Que noite! Mas eu temo que tudo isto seja só um sonho, lisonjeiro demais pra ser real."

WILLIAM SHAKESPEARE.
In: *Retrato do amor quando jovem*: Dante, Shakespeare, Sheridan, Goethe.
Projeto e tradução de Décio Pignatari. São Paulo: Companhia das Letras, 1990. (Fragmento).

- No verbete a seguir, qual o significado equivalente a essa palavra? Justifique sua escolha.

lisonjeiro 1. que lisonjeia, que envaidece. 2. que denota aprovação, preferência; favorável; elogioso. 3. que causa prazer; agradável; deleitável. 4. que tem boas perspectivas; satisfatório; prometedor. 5. que ou aquele que dirige elogios interessados a alguém; adulador, bajulador.

Dicionário Houaiss da língua portuguesa. Rio de Janeiro: Objetiva, 2009. p. 1.187. (Adaptado).

Texto B

Em mangas de camisa

1. Em qual das frases a seguir o termo em destaque pode ser substituído pela expressão *em mangas de camisa*?

a) O garoto logo **se revelou**: pintou as paredes com guache e grudou chiclete no assoalho.

b) Motivado a prosseguir, **entregou-se ao trabalho** e enfrentou os obstáculos.

c) A personagem entrou em cena **vestindo praticamente apenas a camisa**.

2. Os termos em destaque nas demais frases da atividade **1** também podem ser substituídos por expressões que têm a palavra *manga*. Que expressões seriam essas?

Unidade 5

Texto A

Pequeno

Obscuro

▶ **Observe** os adjetivos empregados para qualificar Plutão neste trecho.

> "Além de ser **pequeno** e **obscuro**, muda tanto seus movimentos que ninguém sabe onde estará daqui a um século."
>
> Bill Bryson. *Brevíssima história de quase tudo*. São Paulo: Companhia das Letrinhas, 2010. p. 22-23.

- Que outros adjetivos de sentido equivalente poderiam ser utilizados para caracterizar Plutão nesse contexto? Se preciso, consulte o dicionário.

Texto B

Coexistir

▶ **Leia** este trecho da reportagem "Projeto tenta salvar língua brasileira", prestando atenção à palavra destacada.

> "Segundo ela, houve uma época em que as duas línguas coexistiam, mas, atualmente, apenas os adultos são bilíngues."

Disponível em: <http://www.bbc.co.uk/portuguese/noticias/story/2004/03/040325_linguacl.shtml>. Acesso em: 27 out. 2010.

a) O elemento *co-* é derivado de uma preposição do latim e significa "com". Considerando essa informação, explique o significado da palavra *coexistiam*.

____

____

b) Agora, dê exemplos de mais três palavras que apresentam o elemento *co-* em sua formação. Explique também os seus significados.

____

____

____

Unidade 6

Texto A

Arvorada

▶ **Observe** alguns significados da palavra *arvorada*.

arborizada	ostentada	briguenta	hasteada	levantada	içada

a) Agora, identifique qual dos sentidos acima pode ser atribuído a essa palavra na frase a seguir.

> "A perfeição almejada e arvorada como instrumento de sedução seria inevitavelmente comprometida se revelássemos nosso desejo."
>
> Contardo Calligaris. *Terra de ninguém*. São Paulo: Publifolha, 2004.

____

____

b) Escreva uma frase usando essa palavra com um dos outros sentidos que aparecem no quadro.

____

____

Texto B

Rótulo

▸ **Explique** o significado da palavra *rótulo* em cada uma das frases a seguir. **Consulte** o dicionário se achar necessário.

a) O rótulo da garrafa já não podia ser lido.

b) Não aceitava o rótulo de conservador, pois se considerava apenas prudente.

Unidade 8

Texto A

Contenção

▸ A palavra *contenção* pode ter dois significados bem diferentes. **Identifique** o significado com que ela é empregada em cada um dos casos a seguir.

a) Causou contenção a disputa de terras entre os fazendeiros.

b) A contenção do vazamento não parecia ser possível.

Estudo da língua

Unidade 1

Revisão: sujeito, predicado, adjunto adnominal e predicativo do sujeito

O que você vai recordar

- Sujeito e predicado.
- Núcleo e tipos de sujeito.
- Oração sem sujeito.
- Adjunto adnominal.
- Predicativo do sujeito.

Você se lembra?

▶ Complete os esquemas.

A. Sujeito e predicado

Termos essenciais da oração

Sujeito

É o elemento da oração sobre o qual ______________________________ ______________________________ ______________________________.

____

É a ______________________________ ______________________________ ______________________________.

B. Núcleo do sujeito ➡

Palavra mais ______________________________.

É sempre um ______________________ ou ______________________ ______________________________.

O sujeito pode ter ______________________________.

C. Tipos de sujeito

Tipo de sujeito	Definição	Exemplos
Determinado	______________________ ______________________ ______________________	• ______________________ ______________________ • Vamos ao cinema.
______________________ ______________________	Não pode ser identificado pelo contexto. O verbo pode estar na 3ª pessoa do plural ou na 3ª pessoa do singular seguido da partícula *se*.	• ______________________ ______________________ • Precisa-se de estagiários.

Tipos de sujeito determinado

- Simples → Possui um ______________________.
- ______________________ → Possui ______________________.
- Oculto, ______________________ ou ______________________ → ______________________ ______________________.

D. Oração sem sujeito

É a oração formada por verbos ______________________: ______________________ (no sentido de "existir" ou "acontecer"); ______________________ (indicando tempo e distância); ______________________ (indicando tempo); e os que indicam ______________________.

E. Adjunto adnominal

Termo que ______________________ o ______________________ sem a intermediação de um ______________________.

Classes gramaticais que podem exercer a função de adjunto adnominal

- Artigos
- ______________________
- Numerais
- ______________________
- ______________________

F. Predicativo do sujeito ➡

É o termo da oração que atribui uma ______________________, ______________________ ou ______________________ ao ______________________ e se relaciona a ele por meio de ______________________ ______________________.

Pratique

1. Leia o texto para responder às questões.

O homem que veio do espaço

O cientista americano Dan Barry dedicou parte de seus 56 anos vendo a Terra de cima. De 1992 para cá, ele passou 734 horas no espaço. **Participou** de três missões espaciais: Endeavour, em 1996, e duas vezes na Discovery, em 1999 e 2001. Lá do alto, **espiou** a queimada da floresta Amazônica, assustou-se com a fragilidade do planeta, **observou** o mundo da Lua e **admirou** a cauda dos cometas. Hoje, aposentado, ele tem uma empresa de robótica e defende que o homem habite Marte para assegurar a sobrevivência da espécie diante do risco de uma catástrofe ambiental.

Galileu, São Paulo, p. 19, abr. 2010.

a) Identifique os sujeitos dos verbos destacados e explique por que eles recebem a mesma classificação.

____

____

____

b) Por que o texto foi escrito com o tipo de sujeito identificado na questão anterior?

c) Releia estas orações.

- "O cientista americano Dan Barry dedicou parte de seus 56 anos [...]"
- "De 1992 para cá, ele passou 734 horas no espaço."

Por que os sujeitos das orações recebem a mesma classificação?

d) No quarto período, são destacados quatro fatos que chamaram a atenção do cientista. Identifique esses fatos.

e) Construa uma oração cujo sujeito sejam os fatos mencionados na questão anterior. Em seguida, classifique esse sujeito e explique por que recebe tal classificação.

2. Leia a tira.

SNOOPY — CHARLES M. SCHULZ

- Preencha a tabela a seguir com o sujeito de cada uma das orações, os núcleos do sujeito (se houver), a classe gramatical a que pertencem os núcleos e a classificação dos sujeitos de cada uma das orações. Observação: desconsidere a expressão *não é?*.

Orações	Sujeitos	Núcleos	Classe gramatical dos núcleos	Classificação dos sujeitos
1ª				
2ª				
3ª				
4ª				
5ª				

3. **Leia** as manchetes a seguir que foram extraídas de alguns jornais digitais.

- Chuva tira 17 mil pessoas de casa em Santa Catarina
- Despertar de vulcão é maior problema de segurança da Itália

a) Identifique as classes gramaticais que formam os núcleos dos sujeitos das duas orações.

____

____

b) Classifique sintaticamente o termo *maior problema de segurança da Itália* e justifique por que esse termo recebe essa classificação.

____

____

c) Transcreva e classifique o predicado da segunda manchete. Em seguida, explique por que ele recebe tal classificação.

____

____

____

4. **Leia** o anúncio e **responda** às questões.

REPRODUÇÃO

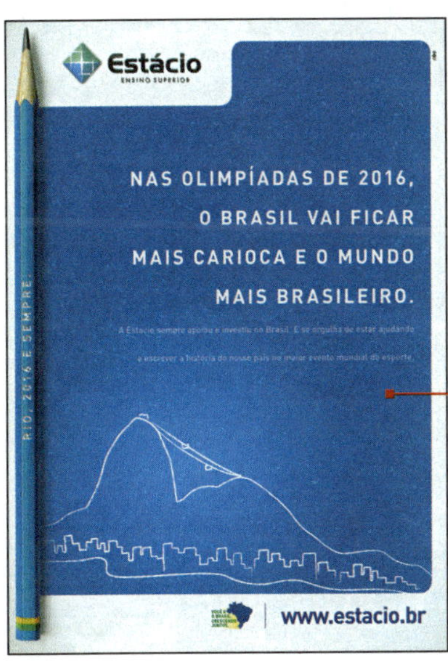

A Estácio sempre apoiou e investiu no Brasil. E se orgulha de estar ajudando a escrever a história do nosso país no maior evento mundial do esporte.

a) No texto principal do anúncio, uma locução verbal não aparece, ou seja, está implícita. Identifique-a e explique por que ela está implícita.

b) O texto principal do anúncio é composto de duas orações. Transcreva o predicado de cada oração.

c) Identifique o núcleo de cada predicado e dê a classe gramatical desses núcleos.

d) Como se classificam sintaticamente os predicados dessas orações? Justifique.

e) No texto abaixo do principal, há a presença do verbo *estar*. Justifique por que esse verbo não é de ligação, nesse contexto.

5. Leia o texto e **responda** às questões.

Mariposas do campo e da cidade

O século 18 foi marcado pelo surgimento das primeiras grandes indústrias na Europa. E, como era de se esperar, a poluição aumentou bastante. Perto das indústrias, a fuligem se acumulava na superfície das árvores, em pedras e no chão, tornando a paisagem cinzenta. Por lá vivia a mariposa *Biston betularia*. No meio cinzento, os exemplares mais escuros dessa mariposa tinham maior chance de sobrevivência do que os mais claros. Isso porque sua coloração, parecida com a do ambiente, dificultava que a mariposa fosse vista pelos predadores. Ela ficava disfarçada! Então aconteceu que perto das indústrias o número de mariposas escuras era absurdamente maior do que o de claras. Isso mostra que os disfarces naturais podem colaborar também com a seleção natural, a lei pela qual os mais adaptados ao meio sobrevivem.

Ciência hoje das crianças, São Paulo, ano 23, n. 210, mar. 2010.

a) Preencha os quadros com o núcleo dos sujeitos relacionados aos verbos ou locuções verbais destacados. Em seguida, indique os adjuntos adnominais relacionados a cada núcleo.

b) Distribua, no esquema a seguir, todos os adjuntos adnominais que você identificou no item anterior de acordo com a classe gramatical a que pertencem.

Artigos	→	
Numerais	→	
Adjetivos	→	
Locuções adjetivas	→	

c) Transcreva e classifique o predicado desta oração: "Ela ficava disfarçada!". Em seguida, explique a classificação.

____

____

____

____

____

Revisão: transitividade verbal, objeto direto e objeto indireto, predicado verbal, adjunto adverbial

O que você vai recordar

- Verbo transitivo e verbo intransitivo.
- Objeto direto e objeto indireto.
- Predicado verbal.
- Adjunto adverbial e suas circunstâncias.

Você se lembra?

▸ Complete os esquemas.

A. Verbo transitivo e verbo intransitivo →

Verbo transitivo é ______________________________

______________________. O ______________________

do verbo transitivo se chama ______________________.

Quando o verbo ______________________________

é chamado verbo intransitivo.

B. Objeto direto e objeto indireto →

O objeto direto se liga ____________________

____________________, ____________________

____________________.

O objeto indireto precisa de ____________________

e se liga ____________________.

C. Predicado verbal →

Ocorre quando a palavra ____________________

____________________.

O predicado verbal tem como núcleo ____________________.

D. Adjunto adverbial →

É um termo da oração que ____________________,

atribuindo-lhe circunstâncias de ____________________

____________________.

Pratique

1. Leia o texto e **complete-o** com as palavras e expressões relacionadas no quadro a seguir.

Guerra às sacolinhas

Supermercados brasileiros se preparam para acabar com as nefastas sacolas plásticas até 2014

Elas seguem um roteiro destrutivo ____________________ (1). As sacolinhas plásticas emporcalham ____________________ (2), e não raro acabam matando por sufocamento peixes, baleias e outros animais aquáticos. Em parte por causa disso, [...] a rede de supermercados Carrefour decidiu bani-las (3) de suas lojas ____________________ (4). No lugar, vai doar ____________________ (5) e vender unidades biodegradáveis ____________________ (6). No Nordeste e no Sul, o Walmart tenta ____________________ (7): dá descontos de 3 centavos a cada sacola economizada — e até o final do ano promete trazer a medida também para o Sudeste. O Grupo Pão de Açúcar ____________________ (8) se atém ____________________ (9). [...]

Galileu, São Paulo, ed. 225, p. 27, abr. 2010. (Adaptado).

algo diferente	após saírem dos supermercados	por enquanto
à venda de sacolas retornáveis	bolsas retornáveis	a preços baixos
florestas, rios e oceanos	em no máximo quatro anos	

a) No texto, os termos numerados relacionam-se aos verbos. Classifique esses termos sintaticamente.

(1) ______________________ (6) ______________________

(2) ______________________ (7) ______________________

(3) ______________________ (8) ______________________

(4) ______________________ (9) ______________________

(5) ______________________

b) Releia.

"o Walmart [...] dá descontos de 3 centavos a cada sacola economizada".

Em qual das opções a seguir encontramos uma estrutura sintática semelhante à dessa frase? Justifique sua resposta.

- A velhinha deu três moedas a cada menino.
- A velhinha dava resmungos a cada passo.

____

____

____

____

2. Leia a tira.

HAGAR CHRIS BROWNE

a) Classifique os verbos sublinhados quanto à transitividade verbal.

____

____

____

____

b) Escreva uma frase em que o verbo *mudar* seja transitivo direto e outra em que seja transitivo indireto.

3. **Leia** as orações a seguir e substitua as palavras destacadas por pronomes oblíquos. Em seguida, **classifique** sintaticamente os pronomes oblíquos que você empregou.

a) Ele escolheu **um bom livro** para as férias.

b) Comuniquei **a ele** que não voltaria ao trabalho.

c) Ele contou **para nós** seus planos de estudo.

d) Deram **a ele** permissão de voo.

e) Deram a ele **permissão de voo**.

f) Participou **sua decisão** a nós.

g) Participou sua decisão **a nós**.

____

____

h) Ele viu **Joaquim e eu** no parque de diversões.

____

____

4. **Leia** o anúncio e **responda** às questões a seguir.

NEOGAMA/BBH

a) No texto principal do anúncio (o que aparece à esquerda e à direita da flor), há duas locuções verbais. Transcreva-as.

____

b) Identifique os termos relacionados a essas locuções verbais e classifique-os.

____

c) Nesse contexto, como se classificam quanto à transitividade os verbos principais das locuções verbais que você identificou no item **a**?

____

5. **Leia** a notícia e **responda** às questões.

Pela vigésima vez, nepalês escala o Everest

Um dos membros da Eco Everest Expedition desde 2008, Apa Sherpa é recordista na escalada ao cume do Monte Everest, com 19 chegadas ao topo. O nepalês irá encarar o desafio de chegar a sua 20ª conquista com uma missão em mãos: levar as cinzas de Sir Edmund Hillary, primeiro homem a conquistar, com sucesso, o cume do Everest em 29 de maio de 1953. Hillary faleceu em 2008, na Nova Zelândia.

Ang Rita Sherpa, presidente da Himalayan Trust, entregou as cinzas e uma estátua de Buda para Apa, que deverão ser colocadas no cume da montanha. Ang explica que este era o desejo de Hillary, que suas cinzas fossem espalhadas também no mar, próximo a sua residência em Auckland. A entidade foi fundada pelo neozelandês para ajudar os Sherpas no Nepal, e, por meio dela, construiu hospitais e escolas, ajudando o desenvolvimento da região.

[...]

Disponível em: <http://www.webventure.com.br/>
Acesso em: 28 out. 2010. (Fragmento).

a) Classifique os adjuntos adverbiais a seguir, destacados do primeiro parágrafo do texto, quanto à circunstância que expressam.

- com uma missão em mãos: ______________
- com sucesso: ______________
- em 29 de maio de 1953: ______________
- em 2008: ______________

b) Releia o segundo parágrafo e transforme a oração em destaque a seguir em um adjunto adverbial de finalidade.

"A entidade foi fundada pelo neozelandês **para ajudar os Sherpas no Nepal** [...]."

____

____

____

____

Estudo da língua

Unidade 2

Predicativo do objeto. Predicado verbo-nominal

O que você vai recordar

- Predicativo do objeto.
- Diferença entre predicativo do sujeito e predicativo do objeto.
- Predicado verbo-nominal.

Você se lembra?

▸ Complete os esquemas.

A. Predicativo do objeto ➡ É o termo da oração que atribui uma característica ao ______________________________ ______________________________.

B. Diferença entre predicativo do sujeito e predicativo do objeto

Predicativo do sujeito → Associa-se ao ______________________________.

Predicativo do objeto → Associa-se ao ______________________________.

C. Predicado verbo-nominal ➡ É o predicado formado por ______________________________: um ______________ e um ______________.

Pratique

1. Leia as tiras e **responda** às questões a seguir.

I. A LEGIÃO — Rechin & Wilder

2010 KING FEATURES SYNDICATE/IPRESS

II. HAGAR

Chris Browne

a) Encontre em cada tira um predicativo do objeto. Em seguida, identifique seu núcleo e classifique-o morfologicamente (quanto à classe da palavra).

b) Como se classificam sintaticamente os predicados em que ocorre predicativo do objeto? Explique por que recebem tal classificação e exemplifique com base na resposta da questão anterior.

c) Na primeira tira, identifique dois predicativos do sujeito e classifique o predicado em que eles ocorrem.

2. **Reúna** os pares de oração a seguir em uma única oração e **classifique** o predicativo e o predicado dessa nova oração. **Observe** o modelo.

Os passageiros ouviam as orientações.

Os passageiros estavam atentos.

a) A crítica julgou o texto.

O texto do autor é revelador.

b) Eles se encontraram.

Eles estavam ansiosos por notícias.

c) Os alunos receberam a notícia.

Os alunos ficaram decepcionados.

3. **Leia** o texto e **responda** às questões.

> A estátua andou um pouco mais, procurando vestígios da famosa rua do Ouvidor, enquanto os meninos olhavam curiosos os camelôs com todos aqueles CDs, DVDs piratas, óculos, e uma quantidade impressionante de cacarecos. Maria ficou de olho nos pentes, escovas e presilhas. Começou a pentear os longos cabelos, ora com uma escova redonda, ora com uma quadrada, ora com uma pequena, ora com uma grande, esquecendo totalmente que estava no meio da rua. O camelô a incentivava esperançoso; trouxe para ela um espelhinho em que dava para ver apenas uma parte do cabelo, de tão pequeno que era. [...]
>
> LUCIANA SANDRONI.
> *Joaquim e Maria e a estátua de Machado de Assis.*
> São Paulo: Companhia das Letrinhas, 2009. p. 59. (Fragmento).

a) Dentre os termos destacados, três são predicativos do sujeito. Identifique-os e explique por que exercem tal função nesse texto.

b) Classifique os demais termos destacados e justifique por que recebem tal classificação.

4. **Leia** o anúncio e **responda** às questões.

BORGHIERH/LOWE

Chegou Knorr Meu Arroz. O tempero que deixa o seu arroz sempre branquinho, soltinho e com sabor caseiro. Enfim, perfeito!

Toda refeição é uma oportunidade

a) Localize, no segundo período do texto em destaque no quadro, o verbo e seu complemento. Transcreva-os e classifique-os.

b) Identifique as palavras e/ou a expressão que se referem ao complemento desse verbo. Classifique-as sintaticamente.

c) Explique por que o adjetivo *perfeito* recebe a mesma classificação.

d) Identifique, na parte inferior do anúncio, um predicativo do sujeito. Transcreva-o e classifique o predicado em que ele está.

Vozes verbais

O que você vai recordar

- Vozes verbais.
- As três vozes verbais.
- Agente da passiva.
- Voz passiva sintética e voz passiva analítica.
- Transformação da voz ativa em voz passiva e vice-versa.

Você se lembra?

▶ Complete os esquemas.

A. Vozes verbais ➡

São as relações que ______________________________

______________________ estabelece com a ______________________

____.

As vozes verbais são

voz ativa	______________	______________
O sujeito é ______________ ______________ ______________	O sujeito ______________ ______________ ______________	O sujeito ______________ ______________ ______________

B. Agente da passiva ➡

É o termo da oração, na voz passiva, que ______________________

______________________. Normalmente vem antecedido

____

____.

Pode estar ______________________ ou ______________________

____.

C. Voz passiva sintética e voz passiva analítica

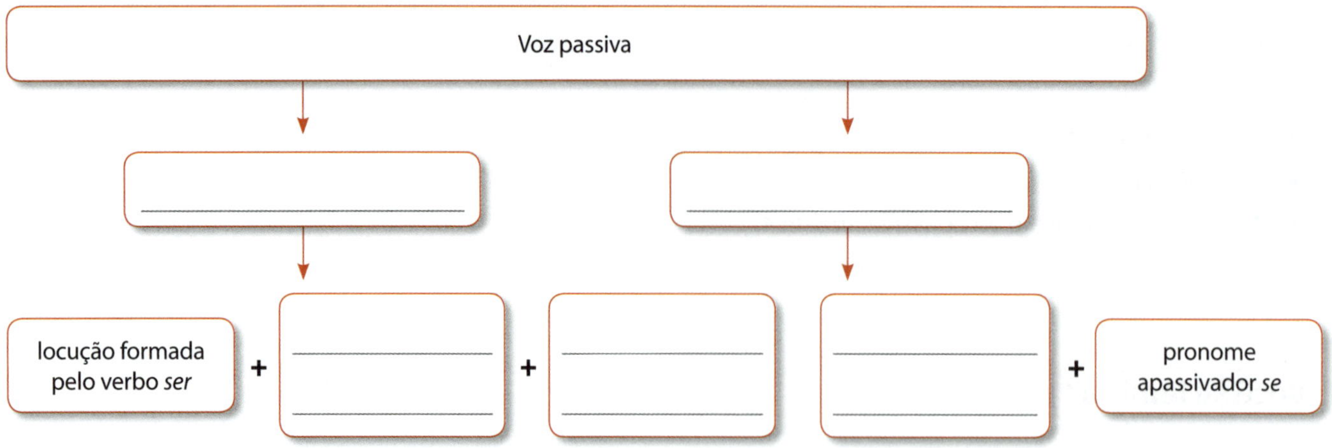

D. Transformação da voz ativa em voz passiva e vice-versa

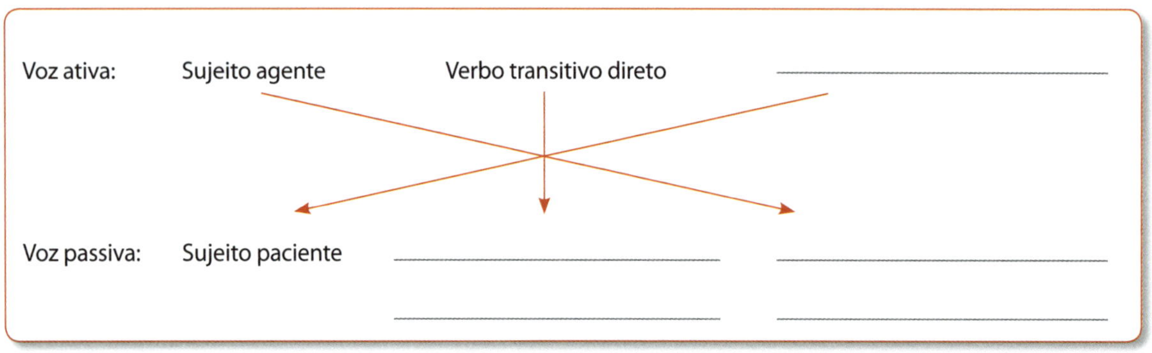

Pratique

1. Nos pares de orações a seguir, **identifique** qual está na voz ativa e qual está na voz passiva.

a) Jogador é expulso do jogo.

Juiz expulsa jogador do jogo.

____

____

b) Equipe de emergência socorre vítimas do deslizamento de terra.

Vítimas do deslizamento de terra são socorridas.

____

____

c) Nuvens de cinza de vulcão afetam o tráfego aéreo entre Portugal e Espanha.

Tráfego aéreo entre Portugal e Espanha é afetado por nuvens de cinza de vulcão.

____

Agora, observe o sentido de cada oração e conclua: se quisermos dar destaque à pessoa ou à coisa que praticou a ação, qual voz verbal devemos empregar? Explique por quê.

2. **Transforme** as orações na voz ativa em voz passiva analítica. **Observe** que nem todas podem ser transformadas. **Justifique** quando isso não for possível.

a) Lobos atacaram os exploradores.

b) O técnico escalará o time minutos antes da partida.

c) As fortes chuvas cessaram finalmente!

d) Neste ano, conversaremos mais com nossos clientes.

e) Planejaríamos uma nova viagem, se tudo desse certo.

f) A casa parecia muito confortável.

3. **Observe** a capa da revista e **responda** às questões.

REPRODUÇÃO

a) A oração "A noite em que os casarões da Paulista foram destruídos" está na voz passiva. Explique essa classificação da voz verbal.

____

____

____

____

b) Coloque a oração do item **a** na voz ativa.

____

c) Classifique o sujeito da oração que você transformou.

d) No canto esquerdo inferior da capa, há uma oração na voz reflexiva. Identifique--a e explique por que ela recebe tal classificação.

4. **Leia** as tiras e **responda** às questões.

I. URBANO, O APOSENTADO A. SILVÉRIO

II. O MELHOR DE CALVIN BILL WATTERSON

III. FRANK & ERNEST BOB THAVES

a) Transcreva as orações que apresentam o verbo na voz passiva.

b) Reescreva na voz passiva sintética as orações que você transcreveu da tira I.

c) Das orações destacadas no item **a**, apenas uma apresenta agente da passiva. Identifique-o.

____

d) Justifique por que as outras orações não apresentam agente da passiva.

____

____

____

____

____

____

5. **Faça** a correspondência entre as colunas.

(1) Voz passiva sintética
(2) Voz passiva analítica
(3) Voz reflexiva

( ) As duas irmãs se davam muito bem.
( ) Descobriram-se novas drogas para a cura do câncer.
( ) Telefonavam-se todos os dias.
( ) Eles se perguntavam o que teriam feito de errado.
( ) Confirmaram-se as reservas para a festa.
( ) Os novos funcionários foram apresentados.

6. As orações a seguir estão na voz ativa. **Reescreva-as** na voz passiva analítica e, em seguida, na voz passiva sintética. **Lembre** que, na voz passiva sintética, o agente da passiva será eliminado.

a) Em 1885, Karl Benz produziu o primeiro carro com fins comerciais.

____

____

b) A mãe acompanha os passos do filho.

____

____

c) A imprensa publica artigos sobre o aquecimento global.

____

____

d) Os torcedores vaiaram o juiz.

____

____

e) Eles desconheciam as regras do jogo.

____

____

7. **Leia** os versos a seguir para responder às questões.

> [...]
> A alegria se colhe na mão companheira,
> a solidão se semeia à beira do amor.
>
> CARLOS QUEIROZ TELLES.
> Estação primavera. *Sonhos, grilos e paixões*. 2. ed.
> São Paulo: Moderna, 2003. p. 63. (Fragmento).

a) Identifique os sujeitos de cada um dos verbos.

b) Classifique a voz em que estão os verbos do item **a**.

c) Reescreva os versos usando a outra estrutura permitida por essa voz verbal.

8. **Identifique** a ambiguidade presente no período composto a seguir e **explique** por que ela ocorre.

> A menina foi alertada de que a irmã tinha sido atropelada pelo professor.

- Sugira uma nova redação do período para se evitar a ambiguidade.

Unidade 3

Complemento nominal

O que você vai recordar

- Complemento nominal.
- Diferenças entre complemento nominal e adjunto adnominal.

Você se lembra?

▸ Complete os esquemas.

A. Complemento nominal ➡

É o termo da oração que complementa ______________________________,
______________________ indicando ______________________________
____.

B. Diferenças entre complemento nominal e adjunto adnominal

[ ] → Pode vir representado por um ______________, um ______________, um ______________, um______________ ou uma ______________________________________.

[ ] → Sempre é formado por preposição____.

[ ] → Liga-se ao ______________________, ao ______________________ e ao ______________________________, complementando-os.

[ ] → Está sempre ligado a ____.

[ ] → Só ele indica ______________________________ ______________________ subentendida no substantivo.

Pratique

1. **Assinale** as frases nas quais as expressões destacadas são complementos nominais. **Justifique** sua resposta.

a) Eles acreditam **em seres extraterrestres.**

b) Eles manifestaram crença **em seres extraterrestres**.

c) Durante o passeio, o professor pediu **aos alunos** que ficassem atentos às modificações do relevo.

d) Ele teve uma atitude que levou o júri a votar favoravelmente **ao réu**.

2. **Leia** as manchetes e **identifique** os complementos nominais. **Justifique** suas respostas.

- Indonésia registra alerta de *tsunami* após terremoto

  Disponível em: <http://g1.globo.com>. Acesso em: 10 maio 2010.

- Rei da Espanha recupera-se após a extirpação de um nódulo no pulmão

  Disponível em: <http://noticias.terra.com.br>. Acesso em: 10 maio 2010.

- Governo estabelece limite à concessão de vistos de trabalho

  Folha de S.Paulo, São Paulo, 24 nov. 2010. © Folhapress.

3. Leia as tiras para responder às questões que se seguem.

I. GARFIELD — JIM DAVIS

II. MUNDO MONSTRO — ADÃO ITURRUSGARAI

a) Transcreva os termos sublinhados que se classificam como complementos nominais.

____

____

b) Justifique por que os termos destacados são complementos nominais.

____

____

____

____

____

4. Complete as lacunas com as expressões relacionadas no quadro. Em seguida, **classifique** os termos com os quais você completou o texto em complementos nominais e adjuntos adnominais.

Refinando a produção

Modernização ______________ inclui reaproveitamento ______ e geração ______________ a partir de CO, diminuindo ________ ______________ de gás.

Nos últimos anos, as refinarias ______________ vêm passando por um processo ______________ de suas operações e instalações. O esforço e o investimento visam a otimizar a extração ______________ a partir do petróleo e a diminuir o desperdício de recursos ______________ ______________ no processo de refino. [...]

Superinteressante, São Paulo, ed. 277, p. 4, abr. 2010. (Fragmento).

hídricos e energéticos	de gás	de água	de subprodutos
de refinarias	de modernização	de energia	da Petrobras

5. **Explique** a diferença de sentido entre as expressões destacadas e, em seguida, **classifique-as** sintaticamente.

- O ataque **das pragas** prejudicou a plantação.
- O ataque **às pragas** visa à proteção da plantação.

Aposto e vocativo

O que você vai recordar

- Aposto.
- Tipos de aposto.
- Vocativo.
- A pontuação no aposto e no vocativo.

Você se lembra?

▶ Complete os esquemas.

A. Aposto →

É o termo da oração cuja função é ____________, ____________, ____________ ou ____________ o termo antecedente.

Sempre está associado a um ____________ ou a uma ____________.

B.

Tipos de aposto

explicativo	_______________	_______________
_______________ o termo que o antecede.	_______________, _______________ o termo antecedente; não é isolado _______________ _______________.	resume _______________.

C. Vocativo ➡

É o termo que _______________, indicando _______________.

Não se liga _______________.

D. A pontuação no aposto e no vocativo

Aposto	Vocativo
geralmente vem _______________ do termo antecedente por _______________, mas também pode ser separado por _______________, _______________ ou _______________.	sempre vem isolado por _______________ ou _______________ _______________; não ocupa _______________.

Pratique

1. **Leia** os fragmentos a seguir e **identifique** os apostos. Em seguida, **classifique-os** por tipo.

a) *Mar engole moradias em Ilha Comprida*

Quando comprou uma casa de praia com vista para a orla de Ilha Comprida (litoral sul de São Paulo), há três anos, o servidor aposentado Armando Rocha não esperava que, em tão pouco tempo, o imóvel estivesse mais à beira-mar do que nunca.

Dezenas de casas foram engolidas pela maré, que avançou mais de cem metros. Construções ruíram do dia para a noite e árvores foram arrancadas da terra. [...]

Vinícius Queiroz Galvão. *Folha de S.Paulo*, São Paulo, 15 set. 2010. Cotidiano. (Fragmento). © Folhapress.

b) *Governo britânico pode fechar espaço aéreo por causa do vulcão*

Algumas partes do espaço aéreo britânico podem ser fechadas até terça-feira por conta da fumaça do vulcão da Islândia que ainda atrapalha o tráfego de aeronaves.

Uma das regiões afetadas é o Sudeste, onde está localizado Heathrow, o aeroporto mais movimentado da Europa.

O Ministro dos Transportes, Philip Hammond, disse que o departamento de tráfego irá monitorar o espaço aéreo e analisar a necessidade de fechá-lo ou não.

[...]

Disponível em: <http://www1.folha.uol.com.br>. Acesso em: 15 maio 2010. (Fragmento).

c) *O aquecimento global poderá extinguir lagartos*

O aquecimento global está levando lagartos de todo o mundo à extinção, diz estudo publicado pela revista *Science*. Pelo menos 5% das espécies existentes já estão comprometidas, afirma o brasileiro Carlos Frederico Duarte Rocha, um dos autores. Rocha é professor do Departamento de Ecologia do Instituto de Biologia da Uerj.

O Estado de S. Paulo, São Paulo, 14 maio 2010.

2. **Crie** um aposto para os termos destacados a seguir. **Lembre-se** da pontuação adequada.

a) **José** colaborou na solução do mistério.

b) Fomos ao cinema assistir ao **filme**.

c) Marcamos um encontro na **praça**.

d) Devolvemos **a chave, os livros, os DVDs**.

e) **Cecília Meireles** é lida por crianças e adultos com o mesmo envolvimento.

f) Ele tomou **duas decisões importantes**.

3. **Transcreva** das tiras a seguir os apostos e os vocativos e **classifique** os apostos.

I. MUNDO MONSTRO — ADÃO ITURRUSGARAI

ADÃO ITURRUSGARAI

II. RECRUTA ZERO — MORT WALKER

2010 KING FEATURES SYNDICATE/IPRESS

III. HAGAR — CHRIS BROWNE

2010 KING FEATURES SYNDICATE/IPRESS

IV. URBANO A. SILVÉRIO

4. Transcreva do anúncio todos os apostos e **indique** os termos a que eles se relacionam.

REPRODUÇÃO

que tal saborear um jantar preparado pelos *chefs* espanhóis Xavier Pellicer e Carlos Valenti exclusivamente para você?

Visa e Rubaiyat trazem para o Brasil Xavier Pellicer, *chef* do ABaC, em Barcelona, restaurante com duas estrelas no *Guia Michelin*, e Carlos Valenti, vencedor do Concurso Espanhol de Tapas, em 2008. E só os clientes Visa Infinite e Visa Platinum terão a chance de experimentar um menu especial, preparado pelos *chefs* espanhóis, com exclusiva harmonização de vinhos.

5. Complete as tiras com vocativos.

I. MINDUIM — Charles M. Schulz

2010 UNITED MEDIA/IPRESS

____

II. ZOÉ & ZEZÉ — Rick Kirkman & Jerry Scott

2010 KING FEATURES SYNDICATE/IPRESS

____

____

6. Relacione as colunas, observando o termo destacado na coluna da direita.

1 Aposto
2 Vocativo
3 Sujeito
4 Adjunto adnominal

( ) O poema "**Quadrilha**" é de Carlos Drummond.
( ) Um dos poemas **de Carlos Drummond** chama-se "Quadrilha".
( ) Marcelo, **você** vai comigo ao teatro?
( ) **Marcelo**, você vai comigo ao teatro?
( ) Fique quieta, **Maria**, senão teremos de sair da sala.
( ) **Maria** fica quieta para não sair da sala.

Unidade 4

Pontuação nos períodos simples e composto

O que você vai recordar

- Principais sinais de pontuação.
- Emprego desses sinais de pontuação nos períodos simples e composto.

Você se lembra?

▶ Complete os esquemas.

A. Vírgula ➡

Emprega-se para separar, em uma oração, os termos diretamente relacionados quando ____________

____.

O ____________________ e o ____________________ são, geralmente, isolados por vírgula na oração.

B. Ponto e vírgula ➡

Emprega-se para separar ______________________________

de um mesmo período ou para separar, em períodos longos, ____________________

______________________________.

C. Dois-pontos ➡

São empregados para ____________________, ____________________ ou

____________________ ideia anterior ou introduzir ____________________,

____________________ ou ____________________.

D. Reticências ➡

Indicam uma ____________________, expressam ____________________,

____________________, ____________________, ____________________,

etc. e também indicam que nem todos os itens de uma ____________________

____________________.

E. Aspas ➡

São empregadas para indicar ______________________________,

____________________, ____________________

ou para destacar ____________________, ____________________.

F. Parênteses ➡

São empregados para indicar ____________________, ____________________ ou

para ______________________________.

G. Travessão ➡

É empregado para indicar, no diálogo, ______________________________ ou a

______________________________.

Pratique

1. **Observe** os pares de frases a seguir. **Reescreva** aquela que necessita de vírgula para separar ou destacar alguma expressão. **Justifique** sua resposta.

a) Vasco e Palmeiras se enfrentam no Rio de Janeiro em busca de paz.

Em busca de paz Vasco e Palmeiras se enfrentam no Rio de Janeiro.

b) Ela despediu-se de todos com a promessa de regresso.

Ela com a promessa de regresso despediu-se de todos.

c) Os governantes não destinaram aos cientistas nenhum prêmio.

Aos cientistas os governantes não destinaram nenhum prêmio.

d) A roupa nova com certeza está guardada na gaveta da cômoda.

A roupa nova está com certeza guardada na gaveta da cômoda.

2. Algumas vírgulas da notícia a seguir foram retiradas. **Identifique-as** e, em seguida, **justifique** seu uso.

Novo livro de Millôr Fernandes contesta a realidade com analogias sarcásticas

O mundo visto daqui lançado neste mês pela editora Record agrupa uma seleção de textos e ilustrações da obra do escritor Millôr Fernandes, publicados na imprensa no período de 1980 a 1983.

O leitor poderá provar do humor do autor, que contesta a realidade a partir de analogias e reflexões cotidianas.

Com sarcasmo Millôr fala sobre assuntos sérios, como o impasse quanto à abertura política e seus desdobramentos. Destila também sua crítica em ensaios sobre futebol sociedade corrupção imprensa relacionamentos e autoridade.

[...]

Disponível em: <http://www1.folha.uol.com.br>.
Acesso em: 30 out. 2010. (Fragmento adaptado).
© Folhapress.

3. **Reescreva** as frases empregando vírgula e ponto e vírgula quando necessário.

a) Havia apenas cinco noites sonhara em tomar um outro rumo em sua vida mas essa decisão era muito difícil.

b) A garota acabou o sanduíche e foi embora; ele ficou ali pensando em que conversaram.

4. **Leia** as tiras e **responda** às questões.

I. GARFIELD — Jim Davis

II. HAGAR — Chris Browne

a) Na tira I, justifique o emprego da vírgula no último quadrinho.

____

____

b) Na tira II, explique o uso das reticências.

____

____

5. **Empregue**, no texto a seguir, os sinais de pontuação necessários.

> *Um sonho possível* de John Lee Hancock *The blind side*, EUA, 2009 . Sandra Bullock que conquistou o Oscar 2010 de melhor atriz parece ter descoberto um papel capaz de ir ao encontro da classe média americana conservadora daí o sucesso do drama nos Estados Unidos. Trata-se da trajetória edificante de um personagem real. [...] Michael Oher Quinton Aaron é negro pobre desajeitadamente grandalhão e muito calado. Ele foi abandonado pela mãe e agora vive com uma família provisória na parte mais barra-pesada de Memphis no estado do Tennessee. Seu destino porém ganha contorno menos infeliz quando tem a oportunidade de estudar num colégio cristão de classe média alta e ser acolhido pela dondoca Leigh Anne Tuohy Sandra em sua própria casa. [...] Sandra tem bons momentos em cena, mas o Oscar o Globo de Ouro e outros prêmios configuram exagero. Também o filme passa longe da perfeição seguindo irritantemente uma fórmula para comover e agradar 128 min . 10 anos. Estreou em 19/3/2010. *Eldorado 2 Kinoplex Itaim 4.*
>
> Disponível em: <http://vejasp.abril.com.br/cinema/um-sonho-possivel>. Acesso em: 29 nov. 2010. (Fragmento adaptado).

Revisão: oração e período. Períodos simples e composto. Período composto por subordinação

O que você vai recordar

- Oração.
- Período.
- Período simples e período composto.
- Período composto por subordinação.

Você se lembra?

- Complete os esquemas.

A. Oração →

É o enunciado ______________________________.

B. Período →

É o enunciado ______________________________.

C. Os tipos de períodos e o período composto por subordinação

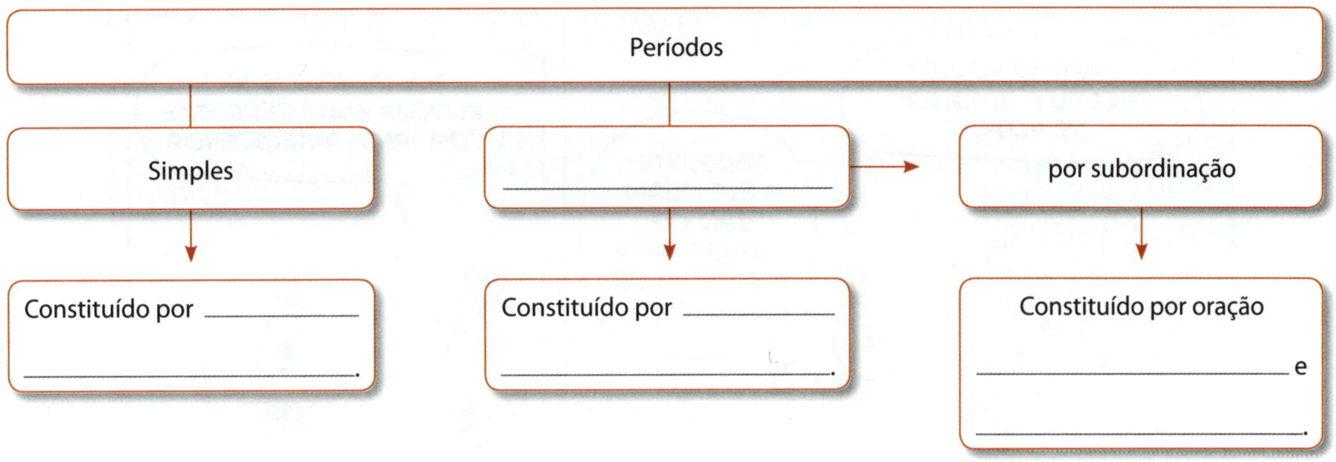

Pratique

1. Leia o texto a seguir e **responda** às questões.

> ### *Devemos alimentar os pombos?*
>
> [...]
>
> Não. E dessa vez nossa resposta foi direta por um motivo simples: pombos são agentes transmissores de mais de 20 doenças. A mais grave delas, a criptococose, mata 30% nos casos de diagnósticos tardios. Por isso, especialistas recomendam o uso de luvas e máscara na hora de limpar forros, telhas e calhas ou qualquer outro lugar com acúmulo de fezes de pombos — e os dejetos devem ser umedecidos antes de recolhidos, para evitar a inalação de fungos.
>
> [...]
>
> *Superinteressante*, São Paulo, ed. 277, p. 41, abr. 2010. (Fragmento).

a) Sublinhe os verbos ou locuções verbais do fragmento.

b) Por quantas orações o fragmento é formado? Como você chegou a essa conclusão?

____

____

c) Indique onde começa e onde termina cada período.

- Primeiro período: ______________________________
- Segundo período: ______________________________
- Terceiro período: ______________________________

d) Qual é o único período simples? Justifique sua resposta.

____

____

2. **Leia** as tiras e **responda** às questões.

I. A LEGIÃO

BILL RECHIN E DON WILDER

a) Transcreva da tira um período simples.

____

____

b) Preencha os quadros com os períodos compostos presentes na tira.

Primeiro período composto

Oração principal:	Oração subordinada:
______________	______________

Segundo período composto

Oração principal:	Oração subordinada:
______________	______________

II. GARFIELD

JIM DAVIS

c) Preencha os quadros com as orações dos dois primeiros quadrinhos da tira.

Primeiro período

Oração principal:	Oração subordinada:
______________	______________

Segundo período

Oração principal: ______

Oração subordinada: ______

d) Transforme em períodos simples os dois períodos compostos do item anterior.

______

______

______

3. **Transforme** os termos destacados das orações a seguir de modo a converter os períodos simples em períodos compostos por subordinação. Em seguida, **identifique** a oração principal. **Observe** o modelo.

O povo escolheu **seu representante**.

O povo escolheu quem seria seu representante. Oração principal: O povo escolheu.

a) **Seu retorno** é necessário para o equilíbrio da empresa.

______

______

b) Não gosto de **suas indicações de livros**.

______

______

c) O contrato nos oferecia uma vantagem: **lucro nas vendas**.

______

______

______

d) **Sua renúncia** é improvável.

______

______

4. **Leia** os textos poéticos e **identifique** as orações subordinadas.

a)

Amor *punk*

Aquele beijo na boca
que você me deu
semana passada
tá doendo até hoje

Nicolas Behr.
Boa companhia: poesia. São Paulo: Companhia das Letras, 2003. p. 143.

b) Todas as cartas de amor são
Ridículas.
Não seriam cartas de amor se não fossem
Ridículas.

Álvaro de Campos (Fernando Pessoa).
Poemas de amor. Rio de Janeiro: Ediouro, 1998. p. 90.

5. **Leia** o anúncio e **responda** às questões.

REPRODUÇÃO

a) Identifique um período composto no texto principal do anúncio.

b) "Como seu cliente exige" e "como seu cliente gosta" são orações subordinadas, porque se ligam, respectivamente, a duas orações principais que estão subentendidas no contexto. Quais são essas orações?

Unidade 5

Orações subordinadas substantivas (I)

O que você vai recordar

- Funções exercidas, no período, pelas orações subordinadas substantivas.
- Orações subordinadas substantivas subjetivas, objetivas diretas e indiretas.
- Orações subordinadas substantivas desenvolvidas e reduzidas.

Você se lembra?

▶ Complete os esquemas.

A. Orações subordinadas substantivas →

São as orações que exercem no período ______ ______, como funções de ______ do sujeito, objeto direto, objeto indireto, etc.

B. Orações subordinadas substantivas subjetivas, objetivas diretas e indiretas

Orações subordinadas substantivas

subjetivas	______	______
Exercem a função sintática de ______	Exercem a função sintática de ______	Exercem a função sintática de objeto ______

C. Orações subordinadas substantivas desenvolvidas e reduzidas

Orações subordinadas substantivas

- desenvolvidas → **Introduzidas por**
  - conjunção integrante: ______ ou ______.
  - ______ ______ ______
  - ______ ______ ______
- ______ → **Não introduzidas por**
  - ______ ______ ______
- ______ → **apresentam verbos**
  - nas formas nominais: ______ ______.

Pratique

1. **Transforme** os termos sublinhados em orações subordinadas substantivas. Em seguida, **classifique** as novas orações. **Observe** o modelo.

Ela insistiu em seu ponto de vista.
(em seu ponto de vista → objeto indireto)

Ela insistiu em que aceitássemos seu ponto de vista.
(que → conjunção integrante; aceitássemos seu ponto de vista → oração subordinada substantiva objetiva indireta)

a) Meu pai aprovou nossa amizade.

Meu pai aprovou ______________________________.

____

____

b) O rapaz não precisava de ajuda.

O rapaz não precisava de ______________________________.

____

____

c) Sua volta é esperada com ansiedade.

É esperado com ansiedade ______________________________.

____

____

d) Eu me esqueci do trabalho de Geografia.

Eu me esqueci de ______________________________.

____

____

e) A solução desse caso é urgente.

É urgente ______________________________.

____

____

2. **Classifique** as orações sublinhadas. Em seguida, **transforme-as** em termos da oração principal e **classifique-os**.

a) Nós desistimos de que ele compreendesse nossas necessidades.

____

____

____

b) Convém <u>que os alunos se apresentem bem no evento</u>.

c) A mãe espera <u>que o filho telefone no Natal</u>.

d) Urge <u>que a população se previna contra o mosquito da dengue</u>.

e) A criança não aceita <u>que os adultos interfiram em suas brincadeiras</u>.

f) Discordamos <u>de que ele estivesse bem-intencionado</u>.

3. **Leia** a tira e **responda** à questão.

MINDUIM

CHARLES M. SCHULZ

2010 UNITED MEDIA/IPRESS

- Transcreva do último balão de fala a oração subordinada substantiva e classifique-a.

4. Transforme as orações subordinadas substantivas desenvolvidas em orações reduzidas. Em seguida, **classifique** as orações reduzidas.

a) Ele garantiu <u>que não preparou nenhuma surpresa para a irmã</u>.

b) É difícil <u>que desconfiem das novas teorias científicas</u>.

c) Vai ser fácil juntar dinheiro: basta que economizemos um pouco por mês.

d) É preciso <u>que invistam em educação</u>.

5. Empregue conjunções integrantes, advérbios interrogativos ou pronomes interrogativos para unir orações e, assim, construir períodos compostos. **Destaque** e **classifique** o conectivo.

a) Ninguém sabe / será a próxima vítima.

b) Não sabemos / elas virão.

c) Recusamos / as meninas não fossem aceitas no grupo.

d) Notaram / ele tinha medo de todos.

e) Ele não sabe / nós não voltamos mais aqui.

6. **Leia** os títulos de filmes abaixo e **desenvolva** as orações reduzidas ou **reduza** as desenvolvidas. Em seguida, **classifique-as**.

a) 

REPRODUÇÃO

b) 

REPRODUÇÃO

c) 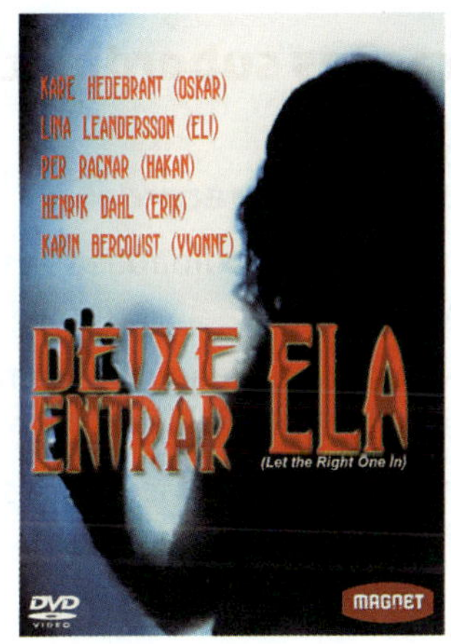

REPRODUÇÃO

- Em sua opinião, a oração desenvolvida ou reduzida ficou mais adequada ou menos adequada ao título do filme? Justifique sua opinião.

7. **Leia** as frases a seguir, as quais, embora sejam muito semelhantes, dão ao interlocutor informações diferentes. **Explique** as duas possibilidades de interpretação que elas apresentam.

- Ninguém sabe **se** o rapaz virá ao evento.
  Ninguém sabe **que** o rapaz virá ao evento.

____

____

____

____

____

____

____

Orações subordinadas substantivas (II)

O que você vai recordar

- Orações subordinadas substantivas completivas nominais, predicativas e apositivas.
- Estrutura das orações subordinadas substantivas completivas nominais, predicativas e apositivas.
- Forma reduzida das orações subordinadas substantivas completivas nominais, predicativas e apositivas.

Você se lembra?

▶ Complete os esquemas.

A. **Orações subordinadas substantivas completivas nominais, predicativas e apositivas**

Orações subordinadas substantivas

- completivas nominais → ______________ ______________
- ______________ → ______________ ______________
- ______________ → Exercem a função sintática de aposto.

B. Estrutura das orações subordinadas substantivas completivas nominais, predicativas e apositivas

Orações subordinadas substantivas

→ ______________________ / ______________________ → Oração principal (sujeito + verbo + ______________________ + ______________________) + oração subordinada.

→ Predicativa → Oração principal (______________ + ______________ ______________) + ______________________.

→ ______________________ / ______________________ → Oração principal (______________ + ______________ + ______________ + ________) + oração subordinada.

C. Forma reduzida das orações subordinadas substantivas completivas nominais, predicativas e apositivas

↓

As orações subordinadas substantivas completivas nominais, apositivas e predicativas apresentam-se na forma reduzida quando ______________________ ______________________ e ______________________.

Elas podem apresentar ______________________.

Pratique

1. Transforme os termos sublinhados em orações subordinadas substantivas. Em seguida, **classifique** as orações formadas. **Observe** o modelo.

Ele tinha esperança de cura.
↓ (de cura) complemento nominal

Ele tinha esperança de que se curasse.
↓ (que) conjunção integrante
↓ (se curasse) oração subordinada substantiva completiva nominal

a) Meu pai aguardava notícias da oportunidade de emprego.

Meu pai aguardava notícias de ______________________________________.

____

____

____

____

b) Nossa esperança para a lavoura é a chegada da temporada das chuvas.

Nossa esperança para a lavoura é ______.

c) Os adolescentes têm necessidade de amigos a sua volta.

Os adolescentes têm necessidade de ______.

d) Tenho um pedido: todos os participantes alegres!

Tenho um pedido: ______!

e) A causa da divergência entre os irmãos é a diferença de idade.

A causa da divergência entre os irmãos é ______.

2. **Classifique** as orações sublinhadas. Em seguida, **transforme-as** em termos da oração principal e **classifique-os**.

a) Eles têm certeza de que falamos a verdade.

b) O problema é que eles não estão interessados nos anúncios publicitários.

c) Só lhe digo uma coisa: <u>que fique atento às orientações do professor</u>.

d) Não temos informações <u>de que ele virá à festa</u>.

e) O rapaz necessita <u>de que todos o ajudem na distribuição de brinquedos</u>.

f) Nossa dúvida é <u>se ele conhece o caminho</u>.

3. O texto abaixo está no *blog* da equipe de jornalismo do programa *Globo Mar*. **Leia-o** e **responda** às questões.

Em busca do barco perdido

Além de trabalhar horas a fio sem dormir, de lidar com o balanço do barco, durante as gravações do programa sobre canoa havaiana, a equipe do *Globo Mar* se deparou com um problema: à noite, [...] o bote de apoio sumiu. Foi preciso o técnico Fábio Neder pegar um outro barco para sair à procura do bote perdido. Depois de alguns instantes de preocupação, ele voltou com sucesso.

Disponível em: <http://especiais.globomar.globo.com>. Acesso em: 1 jun. 2010.

a) Classifique a primeira oração destacada no texto.

b) Classifique a segunda oração destacada no texto.

c) Desenvolva a oração identificada na questão anterior.

4. Leia as tiras e **responda** às questões.

I. NÍQUEL NÁUSEA

Fernando Gonsales

FERNANDO GONSALES

II. RECRUTA ZERO

Greg & Mort Walker

2010 KING FEATURES SYNDICATE/IPRESS

a) Transcreva de uma das tiras uma oração subordinada substantiva completiva nominal. Em seguida, explique por que ela recebe tal classificação.

b) Agora, faça o mesmo com uma oração subordinada substantiva predicativa.

5. Leia o anúncio e o trecho destacado no boxe e **responda** às questões.

ALMAP/BBDO

Alguma dúvida de que as mudanças climáticas já estão afetando sua vida?

De um lado, secas rigorosas. Do outro, furacões e enchentes. E dos dois lados: caos, destruição, fome e mortes. É isso que as mudanças climáticas já estão fazendo no Brasil e no mundo. Assista ao documentário no *site* do Greenpeace e descubra que atitudes você pode tomar a respeito.

- Transcreva do texto do anúncio orações subordinadas substantivas que se classifiquem de acordo com a lista abaixo.

Completiva nominal	
Subjetiva	
Objetiva direta	

6. Leia a tira e **responda** à questão.

GARFIELD — JIM DAVIS

- Transcreva da tira uma oração subordinada substantiva reduzida e classifique-a.

Unidade 6

Orações subordinadas adverbiais (I)

O que você vai recordar

- A função exercida, no período, pelas orações subordinadas adverbiais.
- Os tipos de orações subordinadas adverbiais e as circunstâncias que elas expressam.

Você se lembra?

▶ Complete os esquemas.

A. Orações subordinadas adverbiais ➡ São as orações que no período exercem ______________________________.

B. Os tipos de orações subordinadas adverbiais e as circunstâncias que elas expressam

Temporais	Expressam circunstâncias de ______________. São introduzidas pelas conjunções e locuções conjuntivas *quando, assim que, logo que, enquanto,* etc.
______________	Expressam circunstância de causa. São introduzidas pelas conjunções e locuções conjuntivas ______________ ______________, etc.
Comparativas	Expressam uma ______________ com ______________ ______________. São introduzidas pelas conjunções e locuções conjuntivas ______________ ______________, etc.
______________	Expressam conformidade de pensamento com a oração principal. São introduzidas pelas conjunções ______________ ______________, etc.
______________	Expressam condição para que o fato da oração principal se realize. São introduzidas pelas conjunções e locuções conjuntivas ______________ ______________ ______________, etc.

Pratique

1. Leia a tira.

MINDUIM CHARLES M. SCHULZ

a) Identifique as duas orações subordinadas adverbiais presentes na tira e classifique-as quanto às circunstâncias que expressam.

b) Reescreva essas orações, alterando as conjunções ou locuções conjuntivas que as introduzem, mas mantendo as mesmas circunstâncias expressas na tira.

c) Com os elementos presentes na tira, construa um período composto por oração subordinada adverbial causal.

2. Leia um fragmento de reportagem.

Com que imagem os cegos sonham?

Os sonhos dos cegos não têm imagens, porque eles não conhecem as formas. Eles sentem movimento, odor, som e contato. É comum sonharem que estão voando ou que alguém os chama. "Essas sensações estão presentes também nos sonhos das pessoas que enxergam. Só que, como nelas o sentido da visão é predominante, os outros sentidos, às vezes, passam despercebidos", conta o neurologista Rubens Reimão, do Centro de Distúrbios do Sono do Hospital Albert Einstein de São Paulo. No caso das pessoas cegas, o sentido que costuma predominar é o da audição.

Disponível em: <http://super.abril.com.br/saude/imagem-cegos-sonham>. Acesso em: 19 set. 2010.

a) Identifique, no texto, duas orações subordinadas causais e indique a oração a que cada uma está relacionada.

b) Observe que a opinião do neurologista Rubens Reimão constrói parte do texto. Introduza uma conjunção conformativa e crie uma oração subordinada adverbial conformativa para essa parte do texto.

3. **Leia** o cartaz.

ANDRÉ BROWN/ SINMED-RJ

- Reescreva o primeiro período do texto que aparece na parte inferior do cartaz, transformando-o em período composto com oração subordinada adverbial condicional.

4. Leia a tira e **classifique** a oração sublinhada.

FRANK & ERNEST — BOB THAVES

5. Relacione as orações a seguir, construindo períodos compostos por subordinação. **Fique** atento às circunstâncias solicitadas e **faça** as adaptações necessárias.

a) Ocorreu uma discussão entre eles.
Eles não quiseram dividir as despesas. (causa)

b) Ele fez os desenhos.
O professor pediu os desenhos aos alunos. (conformidade)

c) Ela se veste de maneira excêntrica.
A irmã também se veste de maneira excêntrica. (comparação)

d) Ele gostaria de ganhar na loteria.
O prêmio da loteria resolveria seus problemas financeiros. (causa) (condição)

e) Ele toma banho.
A irmã lê as cartas de amor que ele recebeu. (tempo)

6. Leia o anúncio.

O mundo produz sacolas plásticas desde a década de 1950. Como não se degradam facilmente na natureza, grande parte delas ainda vai continuar por mais de 300 anos em algum lugar do planeta.

a) A campanha sugere uma reflexão sobre o uso das sacolas plásticas descartáveis já no título do texto. Transcreva do primeiro parágrafo (ampliado na lupa) uma oração subordinada adverbial causal.

b) O título do texto sugere que se imite o comportamento de alguém. Identifique a quem se sugere imitar.

c) Transcreva a oração em que é feita essa sugestão e classifique-a.

7. **Observe** as frases e **explique** a diferença entre elas quanto ao sentido.

- Irei para a praia com você **desde que** não tenha de estudar para as provas.
- A criança falava corretamente **desde que** completara dois anos.

____

____

____

____

____

____

____

____

Orações subordinadas adverbiais (II)

O que você vai recordar

- As circunstâncias expressas pelas orações subordinadas adverbiais consecutivas, proporcionais, concessivas e finais.
- Orações subordinadas adverbiais reduzidas.

Você se lembra?

▶ Complete os esquemas.

A. Circunstâncias expressas pelas orações subordinadas adverbiais consecutivas, proporcionais, concessivas e finais

Consecutivas → Expressam ____.
São introduzidas pelas conjunções e locuções conjuntivas ______________ ______________________, etc.

______________ → Expressam uma relação de gradação ou proporcionalidade com a oração principal.
São introduzidas pelas conjunções e locuções conjuntivas ______________ ______________________, etc.

Expressam um fato contrário à ideia expressa pelo verbo da oração principal.

São introduzidas pelas conjunções e locuções conjuntivas __________

__________, etc.

Expressam __________

__________.

São introduzidas pelas conjunções e locuções conjuntivas __________

__________, etc.

B. Orações subordinadas adverbiais reduzidas

Não são __________

e os verbos apresentam-se em suas __________

__________.

Pratique

1. Leia o anúncio.

REPRODUÇÃO / PREFEITURA DE NATAL

a) Identifique a quem se dirige o anúncio.

____

____

b) Quem são "elas" no anúncio?

c) O que significa a expressão "literalmente" no anúncio?

d) Identifique a oração subordinada adverbial no texto principal do anúncio e classifique-a.

2. **Leia** as tiras.

I. FRANK & ERNEST — Bob Thaves

2010 UNITED MEDIA/IPRESS

II. HAGAR — Chris Browne

2010 KING FEATURES SYNDICATE/IPRESS

a) Destaque e classifique as orações reduzidas presentes nas tiras.

b) Desenvolva as orações reduzidas identificadas na questão anterior.

3. **Reduza** as orações destacadas nos trechos a seguir e **classifique-as**.

a) Toda criança e todo adolescente devem ser protegidos para que se desenvolvam física, moral, espiritual e socialmente.

Os direitos das crianças. São Paulo: Ática, 1990. (Adaptado).

b) Toda criança e todo adolescente portador de alguma deficiência física ou mental devem receber cuidados, tratamento e educação especiais porque apresentam condição especial.

Os direitos das crianças. São Paulo: Ática, 1990. (Adaptado).

c) Toda criança e todo adolescente, mesmo que sejam muito diferentes de outras crianças ou de outros adolescentes e que morem em lugares diferentes, têm o direito de ir à escola para aprender.

Os direitos das crianças. São Paulo: Ática, 1990. (Adaptado).

4. **Leia** os fragmentos.

I. ***Das 80 baleias atoladas na Nova Zelândia, somente 24 ainda estão vivas***

A maioria das baleias-piloto que ficaram atoladas na quarta-feira em uma praia da ilha ao norte da Nova Zelândia morreu no dia seguinte, apesar dos esforços de voluntários e especialistas que esperam devolver as sobreviventes ao mar até esta sexta-feira.

[...]

Disponível em: <http://www1.folha.uol.com.br/ambiente>. Acesso em: 25 set. 2010. (Fragmento).

II. ***Clima de Deserto do Saara***

[...]

Para limpar a pele, deve-se optar por sabonetes cremosos ou loções que contenham glicerina e sejam neutras, ou seja, com PH 5. Além disso, nada de banhos quentes.

[...]

Disponível em: <http://sua.pele.blog.uol.com.br>. Acesso em: 25 set. 2010. (Fragmento).

III. ***Obesidade infantil e na adolescência***

[...]

A obesidade é um problema grave e deve ser encarado com cuidado. Se você está ou conhece alguém que esteja acima do peso, deve procurar ▶

ajuda médica, pois as causas da obesidade podem ter diversas origens, desde hábitos irregulares até fatores genéticos e hormonais. Quanto mais cedo for tratada, maiores são as chances de cura. Mas não se esqueça que o mais importante é estarmos de bem com nós mesmos. Ter um corpo legal depende do equilíbrio emocional e uma mente consciente.

Disponível em: <http://www.fiocruz.br>.
Acesso em: 25 set. 2010. (Fragmento).

a) Identifique uma oração subordinada adverbial proporcional.

b) Troque o conectivo dessa oração por outro de valor semântico equivalente e reescreva todo o período. Faça as adaptações necessárias.

c) Transcreva uma oração subordinada adverbial final.

d) Reescreva essa oração, alterando o conectivo, mantendo o mesmo valor semântico.

e) Transcreva uma oração subordinada adverbial condicional.

f) Reescreva essa oração alterando o conectivo, porém mantendo o mesmo valor semântico.

g) Reduza a oração que você reescreveu na questão anterior e classifique-a.

h) Transforme o adjunto adverbial *apesar dos esforços de voluntários e especialistas* em uma oração subordinada adverbial reduzida.

i) Classifique a oração que você transcreveu.

5. Leia os períodos a seguir.

- Mesmo falando alto, não era ouvido.
- Mesmo não sendo ouvido, falava alto.

a) Classifique as orações.

b) Qual dos períodos revela a intenção de alguém ser ouvido a todo custo?

6. Observe o período composto.

> Eu achei o documento procurando a chave.

a) Identifique a oração subordinada e classifique-a.

b) Explique por que se pode afirmar que o período acima apresenta ambiguidade, isto é, um possível duplo sentido.

c) Sugira duas novas possibilidades de escrita que tornem o período mais claro. Você pode continuar usando a oração reduzida ou pode desenvolvê-la.

7. Observe os períodos.

- **Apesar de viajarmos tanto**, ele não se interessa pelo aprendizado de línguas estrangeiras.
- Ele não se interessa pelo aprendizado de línguas estrangeiras, **porém viajamos muito**.

Embora as duas orações destacadas transmitam ideia de oposição, uma delas não parece coerente com o restante do período. **Explique**.

8. A partir do tema "alimentação saudável", **crie** períodos compostos por orações adverbiais que sejam introduzidas pelas conjunções indicadas. **Observe** o modelo.

- A adverbial temporal deve ser introduzida por *antes que*.

Antes que a alimentação saudável virasse moda, a ciência já se preocupava com ela.

a) A adverbial final deve ser introduzida por *para que*.

b) A adverbial concessiva deve ser introduzida por *embora*.

c) A adverbial comparativa deve ser introduzida por *quanto*.

d) A adverbial conformativa deve ser introduzida por *segundo*.

e) A adverbial consecutiva deve ser introduzida por *tão... que*.

f) A adverbial proporcional deve ser introduzida por *quanto mais*.

Unidade 7

Pronomes relativos

O que você vai recordar

- O que são pronomes relativos.
- Emprego dos pronomes relativos.

Você se lembra?

▶ Complete os esquemas.

A. Pronomes relativos ➡

São pronomes cuja função é ______________________ o termo anterior ______________ e ______________________________ ______________________________.

B. Emprego dos pronomes relativos

Pronomes relativos

- que, o qual → ______ ______ ______
- ______ → refere-se a pessoas
- ______ → ______ ______ ______
- cujo → ______ ______ ______

Pratique

1. Leia a tira.

GARFIELD — Jim Davis

a) Identifique a oração iniciada por pronome relativo.

b) Identifique a palavra a que o pronome relativo se refere.

c) Que outro pronome relativo poderia ser empregado na oração citada no item **a**?

2. Leia um fragmento de conto.

Coisa de que logo gostei foi a largura das paredes. Iguais às da casa da minha avó quando eu era criança e me escondia para brincar entre cortina e janela como em uma casa secreta em que só eu cabia. Na *villa*, a mesma coisa. Paredes da largura de um passo. E um silêncio no quarto tão grande, que às vezes abria os vidros só para ter os sons do jardim me fazendo companhia.

[...]

MARINA COLASANTI. *Penélope manda lembranças*. São Paulo: Ática, 2001.

a) Identifique, no texto, duas orações introduzidas por pronome relativo.

b) Identifique as palavras a que se referem os pronomes relativos das orações acima.

c) É possível substituir esses relativos por outros, mantendo o mesmo sentido da oração? Em caso afirmativo, faça a substituição.

3. Leia o fragmento de um artigo de Lya Luft.

Alegres e ignorantes

Há fases em que[1], inquieta, eu talvez aponte mais o lado preocupante da vida. Mas jamais esqueço a importância do bom humor, que[2] na verdade me caracteriza no cotidiano, mais do que a melancolia. Meu amado amigo Erico Verissimo certa vez me disse: "Há momentos em que[3] o humor é até mais importante do que o amor". Eu era muito jovem, na hora não entendi direito, mas a vida me ensinou: nem o amor resiste à eterna insatisfação, à tromba assumida, às reclamações constantes, à insatisfação sem tréguas. Bom humor zero. Desperdício de vida: acredito que, junto com dinheiro, sexo e amor, é a alegria que[4] move o mundo para o lado positivo. Ódio, indignação fácil, rancores e inveja – e nossa natureza predadora – promovem mediocridade e atos cruéis.

[...]

Veja, São Paulo, ano 43, n. 9, p. 24, 3 mar. 2010.

a) Identifique os substantivos a que se referem os pronomes relativos destacados.

b) Além de substituir as palavras da frase anterior, os pronomes relativos estabelecem uma relação entre duas orações. Identifique as orações ligadas pelos relativos 1 e 3.

c) Os relativos 2 e 4 podem ser substituídos pelo pronome *quem*?

4. **Leia** as tiras e, em seguida, **indique** os pronomes que podem ser empregados para completar as falas.

I. A LEGIÃO — RECHIN & WILDER

2010 KING FEATURES SYNDICATE/IPRESS

II. CALVIN — BILL WATTERSON

CALVIN & HOBBES, BILL WATTERSON 1987 WATTERSON / DIST. BY UNIVERSAL UCLICK

5. Complete os fragmentos com pronomes relativos. **Fique** atento à necessidade de preposições.

a) É famosa aquela cena de um filme de Charlie Chaplin __________ ele apareceu correndo atrás de um caminhão para entregar uma bandeirinha vermelha, __________ tinha caído do veículo e, ao dobrar uma esquina com tal bandeirinha vermelha, apareceu uma passeata de protesto. Carlitos apanhou pra burro da Polícia e foi em cana sem saber por quê.

João Saldanha. Pegou fogo. In: Armando Nogueira (Org.). *O melhor da crônica brasileira 2*. Rio de Janeiro: José Olympio, 1980. p. 50.

b) [...] A sua cama era a última da fileira, junto à parede, __________ vivia suja. A maneira de conseguirem alguma coisa com ele era ameaçá-lo de expulsão, pois não queria ouvir falar na família.

Durante as férias, Quati deslizava como uma sombra pelos corredores vazios e ninguém podia saber ao certo __________ ele andava. [...]

Autran Dourado. A última vez. In: Herberto Sales (Org.). *Antologia de contos brasileiros*. Rio de Janeiro: Ediouro, 1997. p. 273.

c) [...] Mas os bondes. Nada fácil esquecê-los. Os abertos, __________ a gente pegava e __________ saltava andando; os fechados, __________ chamávamos camarões. Vinham, *volata*, que cantavam nos trilhos cortando desde o largo do Correio, pegando toda a avenida São João, entrando pelos bairros e acabando lá longe, no Anastácio. Ou, ainda melhor, lá em Domingos de Moraes. Uma viagem em todos os sentidos. [...]

João Antônio. Meus tempos de menino. In: Humberto Werneck (Org.). *Boa companhia*: crônicas. São Paulo: Companhia das Letras, 2005. p. 142.

Glossário
Volata **(italiano):** Ato de voar de uma vez.

6. Relacione as orações a seguir, empregando pronomes relativos.

a) O garoto conversou com a colega de classe.

A colega de classe prometeu ajuda para estudar.

____

____

b) Ela lutou, durante muitos anos, contra a perseguição às suas ideias.

A perseguição às suas ideias tinha motivo religioso.

____

____

c) Gostávamos de nos sentar à mureta da praça.

Os nomes dos casais enamorados eram esculpidos na mureta.

____

____

d) Deixou um rastro de destruição no caminho.

Ele passou pelo caminho.

e) A voz do rapaz foi reconhecida pela vítima.

O rapaz fazia ameaças anônimas.

f) O pai do aluno está reunido com o diretor.

O aluno tem apresentado problemas de comportamento.

7. **Reescreva** as frases desfazendo a ambiguidade.

a) Identifiquei a praça e a igreja onde nos casamos.

b) A estrada e o carro por onde viajamos foram responsáveis por nosso atraso.

c) É preciso encontrar o relatório do trabalho que foi concluído.

Orações subordinadas adjetivas

O que você vai recordar

- O que são orações subordinadas adjetivas.
- Como se classificam as orações subordinadas adjetivas.
- Orações subordinadas adjetivas na forma reduzida.

Você se lembra?

▸ Complete os esquemas a seguir.

A. Orações subordinadas adjetivas ➡

São orações que, em um período, ______________________

____.

B. Classificação das orações subordinadas adjetivas.

As orações subordinadas adjetivas

- **classificam-se em**
  - ____________ → restringem, limitam o sentido do termo antecedente; não são isoladas por vírgulas
  - explicativas → ____________ ____________ ____________
- **podem ser**
  - ____________ → iniciam-se por pronomes relativos e apresentam verbos flexionados (no indicativo ou no subjuntivo)
  - reduzidas → ____________ ____________ ____________

Pratique

1. Leia o poema de Alice Ruiz.

Então é você

Então é você
que bem antes de mim
diz o que eu queria dizer
tão bem quanto eu diria.
E quem diria?
ainda melhor

Acho que teu nome é poesia
e por isso todos te chamam

Então é você
tua simples presença
preenche a minha existência
me faz ver o que eu não via.
E quem diria?
ainda melhor

Acho que teu nome é vida
e por isso todos te querem

Então é você
que quando fala
instala a compreensão
de tudo que eu seria.
E quem diria?
Ainda melhor

Acho que teu nome é amor
e por isso todos te amam

E quando todos te chamam
quem sou eu pra não chamar?

E quando todos te querem
quem sou eu pra não querer?

E porque todos te amam
"eu sei que vou te amar"

Disponível em: <http://www.aliceruiz.mpbnet.com.br>.
Acesso em: 8 out. 2010.

a) Preencha a tabela.

Oração subordinada adjetiva	Pronome relativo e o termo antecedente a que se refere o pronome	Classificação da oração adjetiva

b) Qual o efeito produzido no poema pelo uso das orações adjetivas que você classificou?

2. **Leia** a reportagem.

A vida debaixo d'água

Novo Censo da Vida Marinha cataloga mais de 230 mil espécies

Um grupo de 360 cientistas de 13 países passou dez anos juntando informações e catalogando as espécies que habitam os oceanos. Desse monumental esforço acaba de sair o Censo da Vida Marinha, que traz a descrição de 230 mil espécies aquáticas. Os crustáceos, como lagostas e camarões, são os mais presentes nos mares e representam 19% das espécies. Segundo a pesquisa, as espécies catalogadas representam entre 70% e 80% de todas as que existem. "Os oceanos permanecem muito desconhecidos, em grande parte devido às limitações tecnológicas para estudar largos trechos de água ao redor do mundo e das formas de vida que ocorrem no mar profundo", diz o biólogo Fábio Lang, responsável por coletar os dados da costa brasileira, para quem o censo mostrou que há ainda muito trabalho a ser feito.

Galileu, São Paulo, ed. 230, p. 29, set. 2010.

a) Identifique as orações adjetivas. Em seguida, classifique-as.

b) Reescreva os períodos onde se encontram as orações adjetivas a seguir, transformando-as em adjetivos. Faça as adaptações necessárias.

- "que habitam os oceanos"
- "que existem"

c) Transforme o adjetivo em destaque no texto em uma oração adjetiva. Classifique a oração.

3. **Leia** os pares de períodos e **classifique** as orações adjetivas. Em seguida, explique por que elas recebem tal classificação.

a) Os candidatos que fizeram a prova devem apresentar-se na secretaria.

Os candidatos, que fizeram a prova, devem apresentar-se na secretaria.

b) As espécies da mata Atlântica que correm risco de extinção são protegidas por lei ambiental.

As espécies da mata Atlântica, que correm risco de extinção, são protegidas por lei ambiental.

4. **Leia** as manchetes, extraídas de jornais digitais.

- Líquido escuro vaza de navio atracado na costa de Recife
- Dissidente chinês preso é escolhido Prêmio Nobel da Paz
- Infraero registra 25% de atraso de voos programados para hoje

a) Identifique as orações adjetivas reduzidas.

b) Desenvolva essas orações adjetivas.

5. Combine as orações de modo a formar um período composto. **Lembre-se** de empregar um pronome relativo para unir as orações.

a) Nós gostamos da viagem.

Nós participamos da viagem.

____

____

b) Comprei os ingressos.

Comprometi-me com a compra deles.

____

____

c) A casa era acolhedora.

Nós morávamos naquela casa.

____

____

____

d) Encontramos o professor.

Você comentou sobre ele.

____

____

6. Leia o anúncio.

REPRODUÇÃO

As frutas, verduras e legumes que você compra no Grupo Pão de Açúcar têm nome, sobrenome e endereço.

a) Identifique, no anúncio, a oração subordinada adjetiva e classifique-a.

____

____

b) Explique por que essa oração recebe tal classificação.

____

____

____

c) Reescreva o período, transformando a oração adjetiva desenvolvida em oração reduzida. Em seguida, classifique-a.

____

____

____

____

Unidade 8

Emprego da vírgula no período composto por subordinação

O que você vai recordar

- O emprego da vírgula nas orações subordinadas adjetivas, adverbiais e substantivas.
- A pontuação nas orações subordinadas reduzidas.

Você se lembra?

▸ Complete os esquemas.

A. Emprego da vírgula nas orações subordinadas adjetivas, adverbiais e substantivas

Orações subordinadas adjetivas →

Separa-se por vírgulas a ____.

Não se separa por vírgulas a ____.

Orações subordinadas adverbiais →

Separam-se por vírgulas quando vêm ____.

Quando vêm após a principal, a vírgula é ____.

Orações subordinadas substantivas → Apenas a oração ______ se separa da oração principal por meio de ______ ______.

B. **Pontuação nas orações subordinadas reduzidas**

As orações reduzidas seguem ______ ______.

Pratique

1. **Leia** a reportagem e **justifique** por que as orações em destaque estão separadas por vírgulas.

Minicruzeiros abrem temporada em alto-mar

Se você nunca fez um cruzeiro[1], fique logo sabendo que as cinco maiores operadoras que atuam na costa brasileira estão de olho na sua condição de estreante. Para a temporada que começou na sexta-feira e se estende até maio de 2011, trouxeram mais um navio – 19, contra os 18 da temporada passada – e investiram em roteiros de 2, 3 e 4 noites de duração.

Os chamados minicruzeiros, que atraem principalmente os viajantes de primeira viagem[2], representam quase 45% das saídas nacionais previstas para a temporada. Sua principal vantagem, claro, são os preços mais em conta.

Ao todo, serão 173 minicruzeiros, com a missão de atrair quem quer ter sua primeira experiência a bordo (e aqueles com pouco tempo disponível). A expectativa é de 886 mil viajantes a bordo – 180 mil a mais em relação à temporada passada. Um dos cruzeiros curtos inaugurou a temporada: o navio MSC Armonia, exclusivo para viagens de 3 noites[3], fez a primeira saída, de Santos.

Animou? Antes de escolher[4], veja as novidades.

O Estado de S. Paulo, São Paulo, 12 out. 2010. Viagem. (Adaptado).

2. Leia as tiras.

I. CALVIN

Bill Watterson

II. SNOOPY

Charles M. Schulz

III. HAGAR

Chris Browne

- Reescreva os períodos das tiras em que as orações subordinadas podem ser isoladas da oração principal por vírgula. Justifique.

3. Leia o anúncio.

REPRODUÇÃO / NEOGAMA-BBH

Bradesco, patrocinador do **JN no ar**, o projeto que visitou 27 cidades para mostrar um retrato do Brasil para o eleitor brasileiro.
Um Banco com Presença em 100% dos municípios brasileiros entende bem a importância de conhecer a fundo o nosso País. Por isso, o Bradesco patrocinou o projeto **JN no Ar**, que fez parte da cobertura das Eleições 2010 no Jornal Nacional. O avião do **JN no Ar** percorreu cidades em cada Estado e no Distrito Federal para mostrar aos brasileiros um pouco mais dos desafios e características de um País com dimensões continentais. Tudo isso para ajudar a construir um País melhor para os brasileiros. **JN no Ar**, um projeto do tamanho do Brasil, com a Presença do Bradesco.

a) Transcreva, do texto do anúncio, as orações subordinadas adverbiais finais reduzidas de infinitivo.

____

____

____

____

____

b) Identifique a única oração subordinada adverbial final reduzida de infinitivo isolada da oração principal por vírgula. Justifique a pontuação nessa oração.

____

____

c) Releia a oração subordinada adjetiva: "que visitou 27 cidades". Justifique por que ela não está isolada por vírgulas.

____

____

____

d) Identifique, no anúncio, outra subordinada adjetiva. Justifique por que ela está isolada por vírgula.

____

____

____

____

4. Leia o período.

> Que tipo de cidade era Antares e que espécie de gente a habitava e governava ao tempo em que ocorreu o macabro incidente que em breve se vai narrar? [...]
>
> Erico Verissimo.
> *Incidente em Antares*. São Paulo: Companhia das Letras, 2004. p. 124. (Fragmento).

- Justifique a ausência de pontuação no trecho destacado.

5. Reescreva os períodos a seguir, pontuando-os se necessário.

a)

> Depois de ter sido dispensado pela namorada um ex-militar inglês se torna o primeiro homem a caminhar e a documentar em *blog* e em vídeo toda a extensão do rio Amazonas. [...]
>
> *Galileu*, São Paulo, ed. 230, set. 2010. (Fragmento adaptado).

b)

> [...] Até as velhinhas de igreja que passam de madrugada e de noitinha tossindo e rezando viram o rosto para o lado da máquina e fazem uma curvatura discreta só faltam se benzer [...]."
>
> José J. Veiga.
> A máquina extraviada. In: Ítalo Moriconi (Org.). *Os cem melhores contos brasileiros do século*. Rio de Janeiro: Objetiva, 2000. p. 230. (Fragmento adaptado).

c)

> [...] Com receio de fazer barulho dirigi-me à cozinha lavei o rosto os dentes penteei-me e voltando ao meu quarto vesti-me. [...]
>
> Osman Lins.
> A partida. In: Ítalo Moriconi (Org.). *Os cem melhores contos brasileiros do século*. Rio de Janeiro: Objetiva, 2000. p. 192. (Fragmento adaptado).

d) Quanto mais protegemos os adolescentes mais inseguros eles se tornam.

____

____

e) [...] embora uma criança possa ser abandonada pelos pais ou duas ou dez crianças possam ser abandonadas pela família 7 milhões de crianças só podem ser abandonadas pela coletividade. [...]

MARINA COLASANTI.
Eu sei, mas não devia. Rio de Janeiro: Rocco, 1996. p. 42. (Fragmento).

____

____

____

____

____

Revisão

O que você vai recordar

- O que é morfologia, sintaxe e morfossintaxe.
- Tipos de predicado.
- Tipos de período.
- Tipos de oração subordinada.

Você se lembra?

▶ Complete os esquemas.

A. Morfologia, sintaxe e morfossintaxe

Morfologia → Estudo das _______________: substantivo, adjetivo, _______________.

Sintaxe → Estudo da _______________ na frase: _______________ _______________.

Morfossintaxe → Estudo das _______________ que as diferentes _______________ podem exercer na oração.

Morfologia (Classes gramaticais)	Sintaxe (Funções sintáticas)
______________________	Núcleo do • sujeito • ______________________ • ______________________ • ______________________ • ______________________ • ______________________ • ______________________
Verbo	Núcleo do • ______________________ • ______________________
Adjetivo (locução adjetiva)	Núcleo do • ______________________ • ______________________ • ______________________
______________________	Núcleo do • adjunto adverbial
______________________	Adjuntos adnominais
Artigo	______________________
______________________	Núcleo do • ______________________ • ______________________ • objeto direto ou indireto • ______________________ • agente da passiva • ______________________
______________________	• Conectivo
Conjunção	• Conectivo
______________________	• Não tem função sintática.

B. Tipos de predicado

O predicado pode ser

- ______________________
  - formado por ______________________ ______________________ ______________________.
- verbal
  - possui como núcleo ______________________ ______________________ ______________________.
- ______________________
  - possui dois núcleos: ______________________ ______________________ ______________________.

C. Tipos de período

O período pode ser

- simples
  - formado por ______________________ ______________________.
- composto
  - possui ______________________ ______________________.

Período composto por subordinação → É formado ______________________ e ______________________ que exerce a função de ______________________.

D. Tipos de oração subordinada

A oração subordinada pode ser

- ______________________
  - quando exerce função sintática de um substantivo.
- adverbial
  - quando exerce ______________________ ______________________ ______________________.
- ______________________
  - quando exerce ______________________ ______________________ ______________________.

Pratique

1. Leia o anúncio.

REPRODUÇÃO / AQUÁRIO DE SÃO PAULO

a) Observe a oração: "Só o Primeiro Aquário temático da América do Sul traz diversão e aprendizado para toda a família". Identifique o sujeito dessa oração.

____

b) Destaque o núcleo e classifique-o quanto à classe gramatical a que pertence.

____

c) Preencha os retângulos com os adjuntos adnominais, de acordo com a classificação gramatical de cada um.

______	______	______	______
↓	↓	↓	↓
adjetivo	numeral	locução adjetiva	artigo

d) O verbo *traz* apresenta dois complementos verbais. Identifique-os e classifique-os.

____

____

e) Como se classifica esse verbo quanto à predicação?

____

2. Leia o texto.

CCBB de Brasília reúne 95 obras de Escher, mestre da ilusão de ótica

Conhecido como mestre da ilusão de ótica e pelas construções impossíveis, o artista gráfico holandês Maurits Cornelis Escher (1898-1972) terá 95 de suas obras exibidas no CCBB de Brasília a partir desta terça-feira (12). A mostra "O Mundo Mágico de Escher", que segue até 26 de dezembro, apresenta gravuras originais, desenhos e fac-símiles do artista, incluindo os trabalhos mais conhecidos.

Entre as atrações interativas da exposição está um quebra-cabeça gigante que mostra como Escher utilizava imagens geométricas ou figurativas para criar gravuras que remetem ao infinito, como em *Menor e Menor* (1956), o clássico *Dia e Noite* (1938) e *Metamorphosis II* (1940). [...]

Disponível em: <http://entretenimento.uol.com.br>. Acesso em: 22 nov. 2010. (Fragmento).

a) Identifique os sujeitos dos verbos destacados.

b) Indique o complemento verbal dos verbos destacados, se houver, e classifique-os.

c) Como a forma verbal *remetem* pode ser classificada, nesse contexto, quanto à transitividade?

3. Leia o fragmento de reportagem.

Um país de cães e gatos

[...]

Os animais de estimação são tratados como membros da família por muitos brasileiros. Isso inclui alimentar, encher de mimos e providenciar para eles cuidados médicos como os que se dariam a um filho.

Veja, São Paulo, ano 43, n. 19, p. 145, 12 maio 2010.

a) Identifique o sujeito da locução verbal destacada.

b) Esse sujeito é agente ou paciente da ação verbal?

c) Que termo representa o agente da ação verbal nesse caso? Como ele se classifica sintaticamente?

4. Leia a tira.

RECRUTA ZERO MORT WALKER

a) Identifique a função sintática desempenhada pelo substantivo *sargento* em cada uma das ocorrências da tira.

Fiz seu prato predileto hoje, **sargento**!	O **sargento** é ótimo para se agradar!

b) Elabore uma oração em que esse substantivo seja núcleo do predicativo do sujeito.

5. Leia um fragmento de conto.

O homem que tudo achava

Duas horas depois, Pedrinho e seu companheiro de jornada reuniram a reduzida bagagem que traziam e reiniciaram a viagem para o Iguatu.

A estrada que percorriam era larga e benfeita. Juazeiros com os ramos verdes estendiam pelo chão as manchas largas de sua sombra. Não cruzaram, em caminho, com outros viajantes. Naturalmente, a ameaça do vulcão fizera fugir todas as pessoas daquela região. Pedrinho notou que o seu companheiro, de vez em quando, interrompendo a palestra, parava um momento e abaixava-se para apanhar no chão um objeto qualquer.

A princípio o menino não deu importância ao caso, mas sua repetição constante começou a chamar-lhe a atenção.

Reparou, então, que o curioso viajante era de uma sorte incrível para achar objetos ocultos; pôde observar que, em menos de uma hora, achara duas chaves, três anéis, uma corrente de ouro, cinco ou seis moedas, uma faca e outros objetos de menor importância.

[...]

MALBA TAHAN.
Os melhores contos. Rio de Janeiro: Record, 1995. p. 101-102.

a) Transcreva, na tabela, os adjuntos adverbiais correspondentes às circunstâncias.

Adjuntos adverbiais	Circunstâncias
	tempo
	lugar
	negação
	afirmação

b) No último período do segundo parágrafo, há uma oração substantiva subordinada à oração principal "Pedrinho notou". Identifique essa oração substantiva e classifique-a.

c) Classifique a oração "para apanhar no chão um objeto qualquer". A qual oração ela está subordinada?

d) No texto, há duas orações subordinadas adjetivas. Transcreva-as.

e) Observe a oração: "que o **curioso** viajante era de uma sorte incrível". Qual a função sintática do adjetivo destacado?

- Reescreva a oração de modo que a palavra em destaque exerça a função de predicativo do sujeito. Faça as adaptações necessárias.

f) Classifique as formas verbais *deu* e *chamar* quanto à transitividade. Em seguida, explique o porquê dessa classificação.

6. Transforme as orações subordinadas adjetivas destacadas em adjetivos. **Faça** as adaptações necessárias.

a) Ele desempenha uma função **que ninguém pode substituir**.

b) Os cientistas descobriram uma alga bem clara, **que não se pode ver** nem com a ajuda do microscópio.

c) O veterano deu uma colaboração **que não é possível medir**.

d) Ela se coloca em uma posição **à qual não temos acesso**.

e) Este é aquele tipo de embalagem **que não se pode violar**.

f) Existem alguns sentimentos **que não se podem dizer**.

7. **Leia** a tira.

MUNDO MONSTRO

ADÃO ITURRUSGARAI

a) Identifique, no primeiro quadrinho, um aposto.

b) No primeiro e no segundo quadrinhos, há dois predicados nominais. Identifique-os e dê a classe gramatical dos núcleos desses predicados.

c) Transcreva uma interjeição do segundo quadrinho.

d) No último quadrinho, há um período composto. Transcreva-o, divida-o em orações e classifique essas orações.

e) Retorne ao segundo quadrinho e identifique uma oração substantiva completiva nominal reduzida de infinitivo.

O que aprendi

Nos focos de estudo das leituras e no conteúdo gramatical

Unidade 1

Sobre o foco de estudo nas atividades de leitura	Exercícios que não consegui realizar bem no livro-texto	O que vou fazer/ fiz para superar minhas dificuldades
Narrador e foco narrativo (1ª e 3ª pessoas)		
Exercícios que consegui realizar bem		

Sobre o conteúdo gramatical	Exercícios que não consegui realizar bem no livro-texto	O que vou fazer/ fiz para superar minhas dificuldades
1. Sintaxe: sujeito, predicado, adjunto adnominal e predicativo do sujeito		
2. Morfossintaxe: transitividade verbal, objeto direto e indireto, adjunto adverbial e predicado verbal		
3. Acentos diferenciais		
Exercícios que consegui realizar bem		

Unidade 2

Sobre o foco de estudo nas atividades de leitura	Exercícios que não consegui realizar bem no livro-texto	O que vou fazer/ fiz para superar minhas dificuldades
1. O ponto de vista em textos narrativos (exploração do texto A)		
2. O ponto de vista em textos jornalísticos (exploração do texto B)		
Exercícios que consegui realizar bem		

Sobre o conteúdo gramatical	Exercícios que não consegui realizar bem no livro-texto	O que vou fazer/ fiz para superar minhas dificuldades
1. Sintaxe: predicativo do objeto e predicado verbo-nominal		
2. Sintaxe: vozes verbais (voz ativa, passiva e reflexiva)		
3. Grafia de algumas palavras e expressões		
Exercícios que consegui realizar bem		

Unidade 3

Sobre o foco de estudo nas atividades de leitura	Exercícios que não consegui realizar bem no livro-texto	O que vou fazer/fiz para superar minhas dificuldades
Descrição subjetiva e objetiva		
Exercícios que consegui realizar bem		

Sobre o conteúdo gramatical	Exercícios que não consegui realizar bem no livro-texto	O que vou fazer/fiz para superar minhas dificuldades
1. Sintaxe: complemento nominal		
2. Morfossintaxe: aposto e vocativo		
3. Ortografia: emprego de **ç/c** e **ss/s**		
Exercícios que consegui realizar bem		

Unidade 4

Sobre o foco de estudo nas atividades de leitura	Exercícios que não consegui realizar bem no livro-texto	O que vou fazer/fiz para superar minhas dificuldades
A forma de se organizar um texto teatral (estrutura)		
Exercícios que consegui realizar bem		

Sobre o conteúdo gramatical	Exercícios que não consegui realizar bem no livro-texto	O que vou fazer/fiz para superar minhas dificuldades
1. Sintaxe e pontuação (nos períodos simples e composto): vírgula, ponto e vírgula, dois-pontos, reticências, aspas, parênteses e travessão		
2. Sintaxe: oração e período; período simples e composto. Período composto por subordinação		
3. Ortografia: emprego de **h** e emprego de **e** ou **i**		
Exercícios que consegui realizar bem		

Unidade 5

Sobre o foco de estudo nas atividades de leitura	Exercícios que <u>não consegui</u> realizar bem no livro-texto	O que vou fazer/fiz para superar minhas dificuldades
As diferentes estruturas dos textos expositivos e a dominância de uma delas no texto (matriz, rede, problema e solução ou causa--consequência e sequência temporal ou processo)		
Exercícios que consegui realizar bem		

Sobre o conteúdo gramatical	Exercícios que <u>não consegui</u> realizar bem no livro-texto	O que vou fazer/fiz para superar minhas dificuldades
1. Sintaxe: orações subordinadas substantivas: objetiva direta, objetiva indireta e subjetiva		
2. Sintaxe: orações subordinadas substantivas: completiva nominal, apositiva e predicativa		
3. Morfossintaxe: locução prepositiva e locução conjuntiva		
Exercícios que consegui realizar bem		

Unidade 6

Sobre o foco de estudo nas atividades de leitura	Exercícios que <u>não consegui</u> realizar bem no livro-texto	O que vou fazer/fiz para superar minhas dificuldades
Os elementos básicos de um texto argumentativo (tese, argumentos e contra--argumentos)		
Exercícios que consegui realizar bem		

Sobre o conteúdo gramatical	Exercícios que <u>não consegui</u> realizar bem no livro-texto	O que vou fazer/fiz para superar minhas dificuldades
1. Sintaxe: orações subordinadas adverbiais: temporal, causal, comparativa, condicional e conformativa		
2. Sintaxe: orações subordinadas adverbiais: consecutiva, concessiva, final e proporcional		
3. Ortografia: emprego do **o** ou **u**; e de **u**, **l** ou **o**		
Exercícios que consegui realizar bem		

Unidade 7

Sobre o foco de estudo nas atividades de leitura	Exercícios que não consegui realizar bem no livro-texto	O que vou fazer/fiz para superar minhas dificuldades
Recursos da linguagem poética (repetição, antítese, paradoxo, ironia, etc.)		
Exercícios que consegui realizar bem		

Sobre o conteúdo gramatical	Exercícios que não consegui realizar bem no livro-texto	O que vou fazer/fiz para superar minhas dificuldades
1. Morfossintaxe: pronomes relativos		
2. Sintaxe: orações subordinadas adjetivas: restritivas e explicativas. Orações reduzidas		
3. Acentuação de alguns verbos no plural (*ter*, *vir*, *ver*, *crer*, *ler* e *dar*)		
Exercícios que consegui realizar bem		

Unidade 8

Sobre o foco de estudo nas atividades de leitura	Exercícios que não consegui realizar bem no livro-texto	O que vou fazer/fiz para superar minhas dificuldades
Diálogo entre imagem e texto: leitura de infográficos		
Exercícios que consegui realizar bem		

Sobre o conteúdo gramatical	Exercícios que não consegui realizar bem no livro-texto	O que vou fazer/fiz para superar minhas dificuldades
1. Emprego da vírgula no período composto por subordinação		
2. Morfossintaxe: tipos de predicado, de período e de orações subordinadas		
3. Revisão		
Exercícios que consegui realizar bem		

Nas produções de texto

Unidade 1

Produção 1: conto em 3ª pessoa

Aspectos importantes em relação à proposta e ao sentido do texto Meu conto:	Atendeu	Atendeu em parte	Não atendeu
1. Manteve o narrador em terceira pessoa, onisciente?			
2. Mantém a coerência com o conto anterior, por meio da presença da personagem principal e suas ações?			
3. Apresenta um novo conflito, seguido de clímax e desfecho inusitado da nova história?			
4. Usa palavras que marcam o tempo de modo que é possível entender a sequência da história?			
5. Está escrito em uma linguagem que expressa a delicadeza e os sentimentos da história?			
Aspectos importantes em relação à ortografia, à pontuação e demais normas gramaticais Meu conto:	**Atendeu**	**Atendeu em parte**	**Não atendeu**
1. Está livre de problemas de ortografia* relacionados a regras já estudadas?			
2. Está bem pontuado: a) de modo a garantir a expressividade das falas das personagens (caso tenha) e/ou do narrador?			
b) com pontuação correta do discurso direto (caso haja)?			
3. Obedece às regras de concordância verbal e nominal, sempre que adequado ao contexto?			
Aspecto importante na apresentação da produção escrita Meu conto:	**Atendeu**	**Atendeu em parte**	**Não atendeu**
Está com apresentação adequada, letra legível e sem rasuras?			
O que achei mais difícil fazer nesta produção			

***Ortografia: o que não posso mais errar neste momento**

Produção 2: relato autobiográfico

Aspectos importantes em relação à proposta e ao sentido do texto Meu relato:	Atendeu	Atendeu em parte	Não atendeu
1. Apresenta o relator como o sujeito envolvido nas ações relatadas, marcado pelo uso da 1ª pessoa?			
2. Apresenta a contextualização inicial, identificando o assunto, o espaço e o tempo do fato relatado?			
3. Traz boa marcação do tempo ao longo da sequência de ações do relato?			
4. Desenvolve-se sem esconder (omitir) ou contrariar informações ou ações importantes para a compreensão do relato?			
5. Apresenta minhas impressões (sentimentos/emoções, reflexões) sobre a experiência relatada ao longo do texto?			
6. Traz encerramento, pontuando os sentimentos e/ou efeitos, da experiência relatada na minha vida e na de outros envolvidos?			
7. Está escrito em uma linguagem mais informal e cotidiana?			
Aspectos importantes em relação à ortografia, à pontuação e demais normas gramaticais Meu relato:	**Atendeu**	**Atendeu em parte**	**Não atendeu**
1. Está livre de problemas de ortografia* relacionados a regras já estudadas?			
2. Está bem pontuado: a) com marcação correta do discurso direto (travessão ou aspas), caso tenha sido usado esse tipo de discurso?			
b) com divisão em parágrafos?			
3. Está livre de problemas de concordância entre as palavras?			
Aspecto importante na apresentação da produção escrita Meu relato:	**Atendeu**	**Atendeu em parte**	**Não atendeu**
Está com apresentação adequada, letra legível e sem rasuras?			

O que achei mais difícil fazer nesta produção

____

____

____

____

***Ortografia: o que não posso mais errar neste momento**

____

____

____

____

____

Unidade 2

Produção 1: página de diário

Aspectos importantes em relação à proposta e ao sentido do texto Meu relato (página de diário):	Atendeu	Atendeu em parte	Não atendeu
Apresenta os fatos narrados a partir do meu ponto de vista (uso da 1ª pessoa)?			
1. Apresenta indicação de data, como as páginas de diário?			
2. Trata de um assunto de interesse de leitores da sua idade?			
3. Desenvolve-se sem esconder (omitir) ou contrariar informações ou ações importantes para a compreensão do fato relatado?			
4. Apresenta minhas impressões (sentimentos/emoções, reflexões) e opiniões durante o relato do fato?			
5. Está escrito em uma linguagem mais informal e cotidiana?			
Aspectos importantes em relação à ortografia, à pontuação e demais normas gramaticais Meu relato (página de diário):	**Atendeu**	**Atendeu em parte**	**Não atendeu**
1. Está livre de problemas de ortografia* relacionados a regras já estudadas?			
2. Está bem pontuado: a) com marcação correta do discurso direto (travessão ou aspas), caso tenha sido usado esse tipo de discurso?			
b) com divisão em parágrafos?			
3. Está livre de problemas de concordância entre as palavras?			
Aspecto importante na apresentação da produção escrita Meu relato (página de diário):	**Atendeu**	**Atendeu em parte**	**Não atendeu**
Está com apresentação adequada, letra legível e sem rasuras?			
O que achei mais difícil fazer nesta produção			

***Ortografia: o que não posso mais errar neste momento**

Produção 2: reportagem

Aspectos importantes em relação à proposta e ao sentido do texto Minha reportagem:	Atendeu	Atendeu em parte	Não atendeu
1. Foi escrita, predominantemente, na 3ª pessoa, sem deixar demonstrar muito minhas opiniões pessoais?			
2. Aborda o assunto sob o ponto de vista dos irmãos mais novos?			
3. É coerente com a foto apresentada?			
4. Apresenta pontos de vista e depoimentos de diferentes pessoas?			
5. Faz uso adequado dos pronomes que marcam a relação com termos ou ideias citados anteriormente?			
6. Possui título em destaque, com informações que dão uma ideia sobre o assunto tratado para atrair a atenção do leitor?			
7. Traz em destaque outras informações do texto no **olho** (ou subtítulo) do texto?			
8. Usa linguagem adequada ao público a que se destina (adolescentes)?			
Aspectos importantes em relação à ortografia, à pontuação e demais normas gramaticais Minha reportagem:	**Atendeu**	**Atendeu em parte**	**Não atendeu**
1. Está livre de problemas de ortografia* relacionados a regras já estudadas?			
2. Está bem pontuada: a) com pontuação correta para as citações (uso de aspas)?			
b) com boa divisão em parágrafos?			
3. Está livre de problemas de concordância entre as palavras?			
Aspecto importante na apresentação da produção escrita Minha reportagem:	**Atendeu**	**Atendeu em parte**	**Não atendeu**
Está com apresentação adequada, letra legível e sem rasuras?			

O que achei mais difícil fazer nesta produção

____

____

____

____

***Ortografia: o que não posso mais errar neste momento**

____

____

____

____

____

Unidade 3

Produção 1: descrição no romance de aventura

Aspectos importantes em relação à proposta e ao sentido do texto Minha descrição de cenário:	Atendeu	Atendeu em parte	Não atendeu
1. Está escrita sob o ponto de vista da 1ª pessoa?			
2. Descreve objetivamente o cenário proposto, sem apresentar impressões pessoais?			
3. Alterna entre a apresentação de informações mais gerais e informações mais detalhadas sobre o lugar?			
4. Desenvolve-se sem esconder (omitir) ou contrariar informações importantes sobre o que estou descrevendo?			
Aspectos importantes em relação à ortografia, à pontuação e demais normas gramaticais Minha descrição de cenário:	**Atendeu**	**Atendeu em parte**	**Não atendeu**
1. Está livre de problemas de ortografia* relacionados a regras já estudadas?			
2. Apresenta pontuação adequada?			
3. Está livre de problemas de concordância entre as palavras?			
Aspecto importante na apresentação da produção escrita Minha descrição de cenário:	**Atendeu**	**Atendeu em parte**	**Não atendeu**
Está com apresentação adequada, letra legível e sem rasuras?			
O que achei mais difícil fazer nesta produção			

***Ortografia: o que não posso mais errar neste momento**

Produção 2: descrição subjetiva no diário de viagem

Aspectos importantes em relação à proposta e ao sentido do texto Minha descrição de cenário:	Atendeu	Atendeu em parte	Não atendeu
1. Está escrita sob o ponto de vista da 1ª pessoa?			
2. Descreve o cenário proposto subjetivamente, apresentando minhas impressões, opiniões e sensações?			
3. Faz uso da comparação para descrever o cenário?			
4. Explora as funções sensoriais (os sentidos: tato, olfato, visão, audição, gustação)?			
5. Alterna entre a apresentação de informações mais gerais e informações mais detalhadas sobre o lugar?			
6. Desenvolve-se sem esconder (omitir) ou contrariar informações importantes sobre o que está descrevendo?			
Aspectos importantes em relação à ortografia, à pontuação e demais normas gramaticais Minha descrição de cenário:	**Atendeu**	**Atendeu em parte**	**Não atendeu**
1. Está livre de problemas de ortografia* relacionados a regras já estudadas?			
2. Apresenta pontuação adequada?			
3. Está livre de problemas de concordância entre as palavras?			
Aspecto importante na apresentação da produção escrita Minha descrição de cenário:	**Atendeu**	**Atendeu em parte**	**Não atendeu**
Está com apresentação adequada, letra legível e sem rasuras?			

O que achei mais difícil fazer nesta produção

***Ortografia: o que não posso mais errar neste momento**

Unidade 4

Produção 1: adaptação de texto para teatro

Aspectos importantes em relação à proposta e ao sentido do texto Minha adaptação:	Atendeu	Atendeu em parte	Não atendeu
1. Mantém a coerência com o texto original?			
2. Indica a fala de cada uma das personagens adequadamente?			
3. Traz informações sobre as personagens por meio das rubricas ou notações cênicas (como falam, como se comportam e se sentem e como se movimentam em cena)?			
4. Apresenta descrição do cenário da história de modo detalhado?			
5. Faz indicações do figurino das personagens?			
6. Traz indicação de uso de efeitos de sonoplastia, iluminação e música de fundo?			
7. Apresenta linguagem usada na fala das personagens adequada e coerente com o perfil das personagens no texto original?			
Aspectos importantes em relação à ortografia, à pontuação e demais normas gramaticais Minha adaptação:	**Atendeu**	**Atendeu em parte**	**Não atendeu**
1. Está livre de problemas de ortografia* relacionados a regras já estudadas?			
2. Faz uso da pontuação: a) dando expressividade às falas das personagens?			
b) adequada para apresentar as rubricas ou notações cênicas?			
3. Obedece às regras de concordância verbal e nominal, sempre que adequado ao contexto?			
Aspecto importante na apresentação da produção escrita Minha adaptação:	**Atendeu**	**Atendeu em parte**	**Não atendeu**
Está com apresentação adequada, letra legível e sem rasuras?			

O que achei mais difícil fazer nesta produção

***Ortografia: o que não posso mais errar neste momento**

Produção 2: texto teatral

Aspectos importantes em relação à proposta e ao sentido do texto Meu texto:	Atendeu	Atendeu em parte	Não atendeu
1. Apresenta os elementos básicos para a composição do enredo da história: situação inicial, conflito, clímax e desfecho?			
2. Apresenta informações precisas sobre a época, o lugar e o espaço onde acontece a história?			
3. Pode ser considerado engraçado?			
4. Indica a fala de cada uma das personagens adequadamente?			
5. Traz informações sobre as personagens por meio das rubricas ou notações cênicas (como falam, como se comportam e se sentem e como se movimentam em cena)?			
6. Apresenta descrição do cenário da história de modo detalhado?			
7. Faz indicações do figurino das personagens?			
8. Traz indicação de uso de efeitos de sonoplastia, iluminação e música de fundo?			
9. Apresenta linguagem usada na fala das personagens coerente com o perfil das personagens apresentadas?			
10. Apresenta personagens que empregam expressões populares?			
Aspectos importantes em relação à ortografia, à pontuação e demais normas gramaticais Meu texto:	**Atendeu**	**Atendeu em parte**	**Não atendeu**
1. Está livre de problemas de ortografia* relacionados a regras já estudadas?			
2. Faz uso da pontuação: a) dando expressividade às falas das personagens?			
b) adequada para apresentar as rubricas ou notações cênicas?			
3. Obedece às regras de concordância verbal e nominal, sempre que adequado ao contexto?			
Aspecto importante na apresentação da produção escrita Meu texto:	**Atendeu**	**Atendeu em parte**	**Não atendeu**
Está com apresentação adequada, letra legível e sem rasuras?			

O que achei mais difícil fazer nesta produção

____

____

____

____

***Ortografia: o que não posso mais errar neste momento**

____

____

____

Unidade 5

Produção 1: reportagem (sequência temporal)

Aspectos importantes em relação à proposta e ao sentido do texto **Minha reportagem:**	**Atendeu**	**Atendeu em parte**	**Não atendeu**
1. Foi escrita, predominantemente, na 3ª pessoa, sem deixar demonstrar muito minhas opiniões pessoais?			
2. Apresenta uma introdução do assunto a ser tratado?			
3. Traz informações confiáveis sobre o tema, apresentando as fontes de consulta?			
4. Apresenta um parágrafo que finaliza o texto?			
5. Aborda o assunto apresentando as informações em uma sequência temporal linear, fazendo uso de marcadores temporais?			
6. Possui título que dá uma ideia sobre o assunto tratado?			
7. Apresenta imagens adequadas ao conteúdo abordado?			
8. Usa linguagem adequada ao público a que se destina (crianças e adolescentes)?			
Aspectos importantes em relação à ortografia, à pontuação e demais normas gramaticais **Minha reportagem:**	**Atendeu**	**Atendeu em parte**	**Não atendeu**
1. Está livre de problemas de ortografia* relacionados a regras já estudadas?			
2. Está bem pontuada: a) com pontuação correta para as citações (uso de aspas)?			
b) com boa divisão em parágrafos?			
3. Está livre de problemas de concordância entre as palavras?			
Aspecto importante na apresentação da produção escrita **Minha reportagem:**	**Atendeu**	**Atendeu em parte**	**Não atendeu**
Está com apresentação adequada, letra legível e sem rasuras?			

O que achei mais difícil fazer nesta produção

____

____

____

____

***Ortografia: o que não posso mais errar neste momento**

____

____

____

____

Produção 2: artigo expositivo

Aspectos importantes em relação à proposta e ao sentido do texto Meu texto:	Atendeu	Atendeu em parte	Não atendeu
1. Foi escrito, predominantemente, na 3ª pessoa, sem deixar demonstrar muito minhas opiniões pessoais?			
2. Apresenta uma introdução do assunto a ser tratado?			
3. Traz informações confiáveis sobre o tema, apresentando as fontes de consulta?			
4. Apresenta um parágrafo que finaliza o texto?			
5. Aborda o assunto e apresenta as informações fazendo uso da estrutura problema-solução?			
6. Possui título que dá uma ideia sobre o assunto tratado?			
7. Usa linguagem adequada ao público a que se destina (crianças e adolescentes)?			
Aspectos importantes em relação à ortografia, à pontuação e demais normas gramaticais Meu texto:	**Atendeu**	**Atendeu em parte**	**Não atendeu**
1. Está livre de problemas de ortografia* relacionados a regras já estudadas?			
2. Está bem pontuado: a) com pontuação correta para as citações (uso de aspas)?			
b) com boa divisão em parágrafos?			
3. Está livre de problemas de concordância entre as palavras?			
Aspecto importante na apresentação da produção escrita Meu texto:	**Atendeu**	**Atendeu em parte**	**Não atendeu**
Está com apresentação adequada, letra legível e sem rasuras?			

O que achei mais difícil fazer nesta produção

____

____

____

____

***Ortografia: o que não posso mais errar neste momento**

____

____

____

____

____

____

Produção 1: artigo de opinião (padrão de beleza)

Aspectos importantes em relação à proposta e ao sentido do texto Meu artigo de opinião apresenta:	Atendeu	Atendeu em parte	Não atendeu
1. De modo claro, a **tese** que expressa o meu ponto de vista sobre a questão a ser discutida?			
2. Manutenção do tema sugerido na proposta?			
3. **Argumentos** convincentes para defender meu ponto de vista?			
4. Argumentação apoiada em exemplos, dados estatísticos ou testemunhos/citações (estratégias argumentativas)?			
5. Parágrafo final com **conclusão** adequada ao meu ponto de vista sobre a questão polêmica?			
6. Articulação lógica entre as ideias, com uso correto de conectivos como *mas*, *porém*, *porque* (caso faça uso)?			
Aspectos importantes em relação à ortografia, à pontuação e demais normas gramaticais Meu artigo de opinião:	**Atendeu**	**Atendeu em parte**	**Não atendeu**
1. Está livre de problemas de ortografia* relacionados a regras já estudadas?			
2. Está bem pontuado: a) sem frases muito longas?			
b) com divisão em parágrafos?			
3. Está livre de problemas de concordância (verbal e nominal) entre as palavras?			
Aspecto importante na apresentação da produção escrita Meu artigo de opinião:	**Atendeu**	**Atendeu em parte**	**Não atendeu**
Está com apresentação adequada, letra legível e sem rasuras?			
O que achei mais difícil fazer nesta produção			

***Ortografia: o que não posso mais errar neste momento**

Produção 2: artigo de opinião (lei da palmada)

Aspectos importantes em relação à proposta e ao sentido do texto Meu artigo de opinião:	Atendeu	Atendeu em parte	Não atendeu
1. Mantém-se no tema sugerido na proposta?			
2. Apresenta, de modo claro, a **tese** que expressa meu ponto de vista sobre a questão a ser discutida?			
3. Apresenta **argumentos** convincentes para defender meu ponto de vista, apoiados em exemplos, dados estatísticos ou testemunhos/citações (estratégias argumentativas)?			
4. Faz uso de palavras que relativizam minhas ideias (ainda assim, em certos casos, geralmente)?			
5. Apresenta parágrafo final com **conclusão** adequada ao meu ponto de vista sobre a questão polêmica?			
6. Apresenta articulação lógica entre as ideias, com uso correto de conectivos como *mas, porém, porque* (caso faça uso)?			
7. Apresenta linguagem adequada ao público a que se destina, conforme a sua escolha?			
Aspectos importantes em relação à ortografia, à pontuação e demais normas gramaticais Meu artigo de opinião:	**Atendeu**	**Atendeu em parte**	**Não atendeu**
1. Está livre de problemas de ortografia* relacionados a regras já estudadas?			
2. Está bem pontuado: a) sem frases muito longas?			
b) com divisão em parágrafos?			
3. Está livre de problemas de concordância (verbal e nominal) entre as palavras?			
Aspecto importante na apresentação da produção escrita Meu artigo de opinião:	**Atendeu**	**Atendeu em parte**	**Não atendeu**
Está com apresentação adequada, letra legível e sem rasuras?			

O que achei mais difícil fazer nesta produção

____

____

____

____

***Ortografia: o que não posso mais errar neste momento**

____

____

____

____

____

Unidade 7

Produção 1: poema

Aspectos importantes em relação à proposta e ao sentido do texto Meu poema:	Atendeu	Atendeu em parte	Não atendeu
1. Está escrito em versos?			
2. Expressa as opiniões e os sentimentos de um eu lírico sobre o assunto tratado?			
3. Faz uso de recursos da linguagem poética, tais como repetições, enumerações, comparações?			
4. Faz uso de rimas?			
Aspectos importantes em relação à ortografia, à pontuação e demais normas gramaticais Meu poema:	**Atendeu**	**Atendeu em parte**	**Não atendeu**
1. Está livre de problemas de ortografia* relacionados a regras já estudadas?			
2. Faz uso adequado da pontuação (se for o caso)?			
3. Está livre de problemas de concordância entre as palavras?			
Aspecto importante na apresentação da produção escrita Meu poema:	**Atendeu**	**Atendeu em parte**	**Não atendeu**
Está com apresentação adequada, letra legível e sem rasuras?			
O que achei mais difícil fazer nesta produção			

***Ortografia: o que não posso mais errar neste momento**

Produção 2: poema

Aspectos importantes em relação à proposta e ao sentido do texto Meu poema:	Atendeu	Atendeu em parte	Não atendeu
1. Está escrito em versos?			
2. Apresenta temática social?			
3. Expressa as opiniões e os sentimentos de um eu lírico sobre o assunto tratado?			
4. Faz uso de recursos da linguagem poética, tais como repetições, enumerações, comparações?			
Aspectos importantes em relação à ortografia, à pontuação e demais normas gramaticais Meu poema:	**Atendeu**	**Atendeu em parte**	**Não atendeu**
1. Está livre de problemas de ortografia* relacionados a regras já estudadas?			
2. Faz uso adequado da pontuação (se for o caso)?			
3. Está livre de problemas de concordância entre as palavras?			
Aspecto importante na apresentação da produção escrita Meu poema:	**Atendeu**	**Atendeu em parte**	**Não atendeu**
Está com apresentação adequada, letra legível e sem rasuras?			
O que achei mais difícil fazer nesta produção			

***Ortografia: o que não posso mais errar neste momento**

Unidade 8

Produção 1: reportagem com gráfico

Aspectos importantes em relação à proposta e ao sentido do texto Minha reportagem:	Atendeu	Atendeu em parte	Não atendeu
1. Foi escrita, predominantemente, na 3ª pessoa, sem deixar demonstrar muito minhas opiniões pessoais?			
2. Apresenta uma introdução do assunto a ser tratado?			
3. Está coerente com as informações apresentadas no gráfico?			
4. Traz informações confiáveis sobre o tema, apresentando as fontes de consulta?			
5. Aborda o assunto por meio da comparação de velhas e novas fontes de energia?			
6. Ao comparar, faz uso adequado de expressões como *por um lado, por outro lado, entretanto, em vista disso*?			
7. Apresenta um parágrafo que finaliza o texto?			
8. Possui título que dá uma ideia sobre o assunto tratado?			
9. Usa linguagem adequada ao público a que se destina?			
Aspectos importantes em relação à ortografia, à pontuação e demais normas gramaticais Minha reportagem:	**Atendeu**	**Atendeu em parte**	**Não atendeu**
1. Está livre de problemas de ortografia* relacionados a regras já estudadas?			
2. Está bem pontuada: a) com pontuação correta para as citações (uso de aspas)?			
b) com boa divisão em parágrafos?			
3. Está livre de problemas de concordância entre as palavras?			
Aspecto importante na apresentação da produção escrita Minha reportagem:	**Atendeu**	**Atendeu em parte**	**Não atendeu**
Está com apresentação adequada, letra legível e sem rasuras?			

O que achei mais difícil fazer nesta produção

____

____

____

____

***Ortografia: o que não posso mais errar neste momento**

____

____

____

Produção 2: reportagem a partir de esquema

Aspectos importantes em relação à proposta e ao sentido do texto Minha reportagem:	Atendeu	Atendeu em parte	Não atendeu
1. Foi escrita, predominantemente, na 3ª pessoa, sem deixar demonstrar muito minhas opiniões pessoais?			
2. Está coerente com o esquema apresentado?			
3. Apresenta uma introdução do problema a ser tratado?			
4. Traz informações confiáveis sobre o tema, apresentando as fontes de consulta?			
5. Aborda o assunto apresentando informações que indicam as consequências do problema tratado?			
6. Apresenta um parágrafo que finaliza o texto?			
7. Possui um título que dá uma ideia sobre o assunto tratado?			
8. Articula as ideias com uso de conectivos adequados?			
9. Usa linguagem adequada ao público a que se destina, escolhido por mim?			
Aspectos importantes em relação à ortografia, à pontuação e demais normas gramaticais Minha reportagem:	**Atendeu**	**Atendeu em parte**	**Não atendeu**
1. Está livre de problemas de ortografia* relacionados a regras já estudadas?			
2. Está bem pontuada: a) com pontuação correta para as citações (uso de aspas)?			
b) com boa divisão em parágrafos?			
3. Está livre de problemas de concordância entre as palavras?			
Aspecto importante na apresentação da produção escrita Minha reportagem:	**Atendeu**	**Atendeu em parte**	**Não atendeu**
Está com apresentação adequada, letra legível e sem rasuras?			

O que achei mais difícil fazer nesta produção

***Ortografia: o que não posso mais errar neste momento**

Nos projetos

Unidade 1

Festival de esquetes humorísticos

Ficha de avaliação da produção do roteiro e do trabalho de grupo		
Aspectos importantes em relação ao trabalho em grupo	**Satisfatório**	**Insatisfatório**
1. O grupo realizou as atividades propostas no tempo previsto?		
2. Tive boa participação nas decisões tomadas pelo grupo?		
3. Realizei as atividades que me foram atribuídas, no tempo previsto?		
4. Meus colegas colaboraram igualmente para a realização do projeto?		

Para o próximo projeto em grupo será preciso melhorar

____

____

____

____

Aspectos importantes em relação à proposta e ao sentido do roteiro que vai dar origem ao esquete Meu roteiro de esquete:	Satisfatório	Insatisfatório
1. Apresenta história concisa, com conflito e desfecho rápidos?		
2. Faz uso de recursos que produzem o efeito humorístico, tais como desfechos inesperados, jogos de palavras, etc.?		
3. Indica a fala de cada uma das personagens adequadamente?		
4. Traz informações sobre as personagens por meio das rubricas ou notações cênicas (como falam, como se comportam e se sentem e como se movimentam em cena)?		
5. Apresenta descrição do cenário da história de modo detalhado?		
6. Faz indicações do figurino das personagens?		
7. Traz indicação de uso de efeitos de sonoplastia, iluminação e música de fundo?		
8. Apresenta as falas das personagens em linguagem coerente com o perfil de cada uma?		

Aspectos importantes em relação à ortografia, à pontuação e demais normas gramaticais Meu texto:	Satisfatório	Insatisfatório
1. Está livre de problemas de ortografia* relacionados a regras já estudadas?		
2. Faz uso da pontuação: a) dando expressividade às falas das personagens?		
b) adequada para apresentar as rubricas ou notações cênicas?		
3. Obedece às regras de concordância verbal e nominal, sempre que adequado ao contexto**?		
Aspecto importante na apresentação da produção escrita Minha adaptação:	**Satisfatório**	**Insatisfatório**
Está com apresentação adequada, letra legível e sem rasuras?		

***Ortografia: o que não posso mais errar neste momento**

____

____

____

____

____

____

**Importante lembrar que, dependendo do perfil das personagens, a variedade da língua pode ser diferente, o que significa que é possível haver o registro de uma variedade que não tenha as mesmas regras de concordância da variedade padrão.

Ficha de avaliação dos esquetes que compõem o festival Esquete: ______________________		
Aspectos importantes em relação ao produto final para a apresentação no festival	**Satisfatório**	**Insatisfatório**
1. O esquete apresenta figurino, cenário, iluminação e efeitos sonoros adequados à pequena história?		
2. A atuação dos atores (movimentação, expressão corporal e facial e interpretação do texto) foi convincente?		
3. As falas apresentaram boa dicção e volume de voz adequado para serem ouvidas e compreendidas pelo público?		
4. A exibição do esquete respeitou o tempo definido para o grupo?		
Para a realização do festival, houve o compromisso de toda a turma? ______________________ ______________________ ______________________ ______________________		

Unidade 5

Repórter escola

Aspectos importantes em relação ao processo de preparação da reportagem		
1. As fontes para a seleção de informações são confiáveis?		
2. As informações selecionadas para a reportagem mantêm o foco temático escolhido?		
Aspectos importantes em relação ao trabalho em grupo	**Satisfatório**	**Insatisfatório**
1. O grupo realizou as atividades propostas no tempo previsto?		
2. Tive boa participação nas decisões tomadas pelo grupo?		
3. Realizei as atividades que me foram atribuídas no tempo previsto?		
4. Meus colegas colaboraram igualmente para a realização do projeto?		

Para o próximo projeto em grupo será preciso melhorar

Aspectos importantes em relação ao produto final da reportagem	Satisfatório	Insatisfatório
1. A reportagem gravada pelo grupo apresenta boa qualidade sonora que garante uma boa escuta?		
2. Os participantes apresentam boa dicção (pronúncia das palavras), entonação (expressividade) e volume de voz adequados para garantir uma boa escuta?		
3. A reportagem apresentou uma edição final que possibilita compreender do que se trata (ou seja, os possíveis cortes de edição não prejudicaram a coerência do texto final)?		
4. O texto gravado: a) apresenta uma introdução lida pelo apresentador, em que são dadas informações básicas sobre o que é o objeto da reportagem?		
b) permite ao ouvinte saber mais sobre o assunto ou fato em destaque?		
c) apresenta falas de outras pessoas que sabem mais sobre o assunto ou fato tratado, que trazem as marcas das situações orais (repetições, hesitações, pausas...)?		
d) usa cenas externas que contribuem para ampliar o grau e a qualidade de informação?		
e) incorporou efeitos sonoros que contribuem para torná-la mais atrativa?		

Considerações sobre o produto final do grupo

O que achei do resultado final do projeto desenvolvido por toda a classe, em relação*

1. à qualidade da gravação:

2. ao conteúdo – se pareceu instigante ou não para o público a que se destina:

* Este item deverá ser preenchido apenas no final da realização do projeto, após todas as apresentações.

Polêmica nas passarelas

Ficha de avaliação do preparo do debate		
Aspectos importantes em relação ao processo de leitura de textos e seleção de argumentos pelo grupo	**Satisfatório**	**Insatisfatório**
1. As fontes para a seleção de informações são confiáveis?		
2. O grupo fez uso de diferentes recursos na elaboração de argumentos (uso de exemplos e fatos, dados estatísticos, citação de especialistas ou autoridades)?		
3. Os argumentos selecionados são convincentes para defender a posição definida para o grupo, em relação ao tema?		
Aspectos importantes em relação ao trabalho em grupo	**Satisfatório**	**Insatisfatório**
1. O grupo realizou as atividades propostas no tempo previsto?		
2. Tive boa participação nas decisões tomadas pelo grupo?		
3. Realizei as atividades que me foram atribuídas no tempo previsto?		
4. Meus colegas colaboraram igualmente para a realização do trabalho?		
Para o próximo projeto em grupo será preciso melhorar		

Ficha de avaliação do debate de grupo e do debate deliberativo (coletivo)		
Aspectos importantes em relação ao debate em grupo e coletivo	**Satisfatório**	**Insatisfatório**
1. Durante o **debate de grupo, o moderador**: a) iniciou adequadamente o debate, apresentando o tema e os debatedores?		
b) geriu bem o tempo de fala dos debatedores e comentaristas e do público?		
2. Durante o debate de **grupo, os debatedores**: a) fizeram uso de linguagem mais formal, evitando as gírias e repetições desnecessárias?		
b) apresentaram os argumentos com boa dicção (pronúncia de palavras), entonação (expressividade) e volume de voz adequados para garantir uma boa escuta?		
c) respeitaram o tempo destinado à sua apresentação?		
3. Durante o **debate coletivo**, os debatedores: a) respeitaram o tempo de fala dos grupos, sem intervenções ou ruídos que pudessem prejudicar o grupo da vez?		
b) de maneira respeitosa, chegaram a um consenso em relação à posição que iriam assumir para a produção do vídeo?		
c) selecionaram argumentos convincentes para defenderem o mesmo ponto de vista?		

Outras considerações sobre o debate deliberativo

Ficha de avaliação sobre o vídeo		
Aspectos importantes sobre o produto das deliberações do grupo (vídeo)	**Satisfatório**	**Insatisfatório**
1. O grupo apresentou uma edição final que possibilita compreender sua posição em relação ao projeto de lei?		
2. O vídeo gravado apresenta qualidade sonora que garante uma boa escuta?		
3. A fala dos participantes apresenta boa dicção (pronúncia das palavras), entonação (expressividade) e volume de voz adequados para garantir uma boa escuta?		
4. Respeitou-se o tempo de gravação definido para o vídeo?		

O que achei do vídeo produzido pela classe

Unidade 7

Sarau: um evento passado a limpo

Ficha de avaliação do trabalho de grupo		
Aspectos importantes em relação ao trabalho em grupo na preparação para o sarau	**Satisfatório**	**Insatisfatório**
1. O grupo realizou as atividades propostas no tempo previsto?		
2. Tive boa participação nas decisões tomadas pelo grupo?		
3. Realizei as atividades que me foram atribuídas, no tempo previsto?		
4. Meus colegas colaboraram igualmente na preparação da declamação?		
Para o próximo projeto em grupo será preciso melhorar ______		

Ficha de avaliação da declamação dos poemas e do sarau		
Aspectos importantes em relação à declamação dos poemas no sarau	**Satisfatório**	**Insatisfatório**
As declamações: a) foram apresentadas com boa dicção e volume de voz adequado, de modo a garantir a escuta para o público?		
b) foram expressivas, fazendo uso de diferentes entonações, pausas, volume de voz?		
c) fizeram uso adequado de outras linguagens corporais (movimentos corporais e expressões faciais)?		
d) fizeram uso adequado de outros recursos, como efeitos sonoros, música, iluminação, etc.?		
e) emocionaram o público?		

Considerações sobre as declamações de poemas no sarau

1. O que você achou da seleção final dos poemas?

2. Indique ao menos três declamações que você tenha achado mais expressivas e explique por quê.

Aspectos importantes em relação ao processo de preparação do sarau (coletivo):	Satisfatório	Insatisfatório
Para a realização do festival, houve o compromisso de toda a turma?		

O que achei do sarau em relação:

1. à organização:

2. à receptividade do público:

3. às atitudes dos diferentes grupos durante as declamações e apresentações: